초등 공부, 언어지능이 답이다

성장의 열쇠 문해력을 높여라

# 초등 공부, 언어지능이 답이다

황윤정 김한훈 박선영 지음
언어학 박사 박소영 감수

파톤치드

성공한 사람들의 부모는 자녀가 많은 지식을 쌓는 것보다 즐겁게 공부하는 데 더 큰 의미를 둔다. 어떻게 하면 아이들이 행복하게 공부할 수 있을까? 그 열쇠는 바로 아이들이 품고 있는 지적 호기심에 있다. 어린 시절, 자기 자신에 관한 관심에서부터 출발하는 호기심은 타인과 세상에 대한 이해로 확장되며, 책은 이러한 성장 과정에서 아이들의 잠재력을 끌어내는 훌륭한 도구가 된다. 아이에게 책을 평생 친구로 삼는 습관을 길러 주고 싶은 부모들에게 이 책은 좋은 길잡이가 되리라 확신한다.

**조세핀 김** Josephine M. Kim(하버드대 교육대학원 교수)

소아정신과 전문의로서 어린아이를 진료할 때마다 아이의 언어지능이 무엇보다 중요하다는 것을 느낀다. 이 책은 언어지능이 아이의 인지 발달뿐만 아니라 사회성 증진에 큰 도움을 준다는 사실과 언어지능을 키우는 좋은 방법에 대해, 부모님들이 실천할 수 있게 구체적으로 잘 설명이 되어 있다.

**노동현**(소아정신과 전문의, 동탄디딤정신건강의학과의원 원장)


'하나를 가르쳐 주면 둘을 아는 아이'로 키우는 비결이 들어 있다. 언어지능, 책 놀이, 생각 근육, 거미줄 독서, 문장 기차놀이 등 생소한 단어들이 흥미를 끈다. 책이 놀이 도구고 게임 재료다. 현장에서 학생들을 가르치고 자녀를 기르면서 체험하고 실험하며 쓴 글이라 더욱 생생하고 실용적이다. 자녀를 키우는 부모만이 아니라 귀한 손주, 손녀가 있는 할아버지, 할머니에게도 권하고 싶은 책이다.

**박찬원**(사진작가, 前성균관대 상임이사, 前코리아나화장품 대표)


현재 대학에서는 인재 양성을 위해 학생들의 융합 역량 강화에 집중하고 있는데, 다양한 이해와 인식의 초석이 되는 언어지능은 이를 함양하기 위해 무엇보다 중요한 역할을 한다. 이 책은 언어지능이 인간의 인지적·사회적 측면에 미치는 영향을 종합적으로 설명하고, 언어지능을 향상시키는 방법을 구체적으로 소개하는 매우 유용한 책이다. 유초등생 자녀를 둔 부모들이 꼭 읽어 보길 바란다.

방희경(서울대 전공상담 교수, 교육학 박사)

우리 아이들에게 필요한 역량은 무엇일까? 인공지능이 인간을 대체하는 사회에서는 인공지능을 잘 활용할 수 있는 능력이 필요하다. 이 능력은 '알고 있는 것'과 '알지 못하는 것'을 구별하여 무엇을 알아야 하는지 파악하는 인지능력 그리고 정서적 공감을 기반으로 한 의사소통 능력이다. 이 책은 챗GPT가 이길 수 없는 이 두 가지 능력의 기반이 되는 인간의 언어지능에 집중한다. 누구보다 빛날 내 아이의 미래를 꿈꾼다면《초등 공부, 언어지능이 답이다》가 답이다.

서형기(서울도성초등학교 교장, 교육학 박사)

어려서부터 부모와 함께 도서관에 다닌 아이들의 현격한 성장을 볼 때마다, '역시나!' 하는 생각을 하게 된다. 독서는 단순히 정보와 지식의 습득뿐 아니라, 인성과 감성, 공감능력과 자존감을 키우는 힘이 있다. 인공지능을 이기는 언어지능을 독서와 독서 후 활동으로 키워보자.《초등 공부, 언어지능이 답이다》로 책과 세상을 함께 보는 아이로 키우는 데 지혜를 얻을 수 있을 것이다.

오수정(약대 신나는가족도서관 사서)


미래 사회가 과연 단순히 문제를 빠르고 정확하게 푸는 사람을 원할까? 이 시대 어린이 교육을 위한 또 다른 차원의 키워드, '언어지능'. 자신의 생각을 체계적으로 정리하고, 사람들과 적극적으로 교류하며, 자신이 원하는 바를 창의적으로 보여 줄 수 있는 능력은 기술적으로 얻어지는 것이 아니다. 언어지능에 대한 근본적인 개념을 알려 주고 내 아이를 위한 구체적인 교육 아이디어를 담은 이 책을 어린이 교육에 관심이 있는 모든 이에게 추천한다!

윤지인(경희대 스포츠지도학과 교수, 여가학 박사)


내 아이가 높은 언어지능을 갖는 것은 부모들의 공통된 바람일 것이다. 그래서 부모는 아이의 흥미, 성격, 환경, 생활 습관에 큰 관심을 기울인다. 이 책에서는 책과 놀이를 활용한 부모와 아이의 상호작용이 아이의 언어지능을 폭발시키며, 지성과 인성이 균형 잡힌 인재로 성장하는 데 도움을 줄 수 있다고 한다. 책과 놀이, 아이의 일상, 그리고 일상 밖 더 넓은 세상을 촘촘히 연결해 주자. 책에서 소개하는 방법으로 아이의 생각 근육을 강화해 보자. 육아 시간 중에도 놓칠 수 없는 언어지능 부스터! 관심과 사랑을 가진 부모가 쉽게 따라 할 수 있는 실질적인 방법과 이야기가 담겨 있는 《초등 공부, 언어지능이 답이다》를 통해서.

이선희(EBS 호랑이 선생님, 초등학교 교사)

언어지능의 시대. 어린아이 인지능력 강화에는 언어지능이 대단히 중요하다. 평범한 아이들도 특출나게 만드는 방법은 없을까? 그것은 아이들의 인지능력 강화에 도움이 되는 언어 교육이다. 그리고 교육은 습관이다. 그런 의미로 가정교육을 통해 인지능력 강화 습관을 길들이는 것은 너무 중요하다. 이렇게 언어를 통해 강화된 인지능력은 어른이 되어 생활하거나, 사업을 하는 데도 큰 기여를 하게 된다. 비즈니스를 하는 사람들이 흔히 이런 말을 한다. "언어가 달라지면 '개념(콘셉트)'이 달라지고, 개념이 달라지면 '브랜드(또는 사업)의 결과'가 달라진다"라고. 언어지능이 답이다. 좋은 가정교육 레시피다.

이해선(한국마케팅협회 회장, 코웨이 부회장, 경영학 박사)

우리 아이들이 살아갈 미래는 '언어지능의 시대'다. AI, 챗GPT, 로봇을 넘어서 결국 사회를 이루는 근간에는 사람만이 가지는 고유

능력, 언어지능이 존재한다. 언어지능은 인간만이 해낼 수 있는 능력의 범주를 확장시킨다. 미래의 먹거리인 언어지능의 중요성을 깨달았다면 지금 당장 이 책을 읽기를 추천한다.

**정헌진**(서울시 서부교육지원청 장학사)


가려운 곳을 긁어 주는 책이다. 어렴풋했던 부모의 바람을 현실로 만들어 준다. '어떻게 하면 말 잘하는 아이로 키울까?', '어떻게 해야 제대로 읽는 아이로 키울까?', '어떻게 해야 글로 표현하는 것을 즐기는 아이로 키울까?'에 대한 명확한 답을 제시한다. 탄탄한 이론적 배경 설명부터 가정에서 활용할 수 있는 실질적 방법까지 차근차근 알려 주는 친절한 학부모용 실용서, 《초등 공부, 언어지능이 답이다》를 꼭 한번 읽어 보기를 바란다.

**최은경**(가톨릭대 인천성모병원 영상의학과 교수)

# 특출난 아이를 키운 가정엔
# '비밀 열쇠'가 있다!

"아이 어릴 때부터 우리 가족은 서로 이야기를 참 많이 했어. 시시콜콜한 일상 이야기, 독서 후 책에 대한 이야기도 많이 했고. 책을 많이 읽어 주기도 했지만 커 가면서 혼자 이것저것 읽다가 결국 과학 관련 책에 빠지더라고. 학교에서 과학 시간만 되면 눈이 반짝거려서 수업 후에 그렇게 질문을 했대. 선생님이 성훈이 예상 질문을 만들어서 따로 공부하실 정도였대."

과학영재고에 합격한 성훈(가명)이의 어머니가 육아 비법을 묻는 친구에게 해 준 아들에 관한 이야기다. 성훈이는 공부를 잘할 뿐만 아니라 친절하고 말도 잘해 친구들에게 인기도 좋다. 성훈이처럼 특출난 아이들, 다방면으로 우수한 아이들은 타고났다고만 할 수 있을까? 우리가 사는 사회는 공부만 잘하는 인재가 아닌, 공동체의 일원으로서 다른 사람들과 원만한 관계를 형성하고 발전시켜 나갈 수 있는 사람들을 선호한다. 그리고 그런 사람들에게는 하나의 공통점이 있다. 바로 언어지능이 매우 높다는 점이다.

유치원과 학교는 우리 아이들이 배움을 얻는 주된 공간이다. 스무 명 남짓의 아이들은 같은 학습 환경에서 비슷한 일과를 보내지만, 아이들이 체득하는 배움은 제각기 다른 모양을 하고 있다. 각기 다른 '언어지능'의 렌즈를 끼고 세상을 바라보기 때문이다. 언어지능은 잘 듣고, 잘 말하고, 잘 읽고, 잘 쓰는 능력이다. 이 언어지능의 렌즈는 아이의 지능, 흥미, 성격, 가정환경, 생활 습관 등에 따라 동그라미 모양이기도, 세모 모양이기도, 네모 모양이기도 하다. 저마다의 모양은 개별성을 지니고 있어 어떤 모양이 더 좋거나 아름답다고 할 수는 없다.

그렇지만 어떤 모양이건, 좋은 언어지능 렌즈를 낀 아이는 탁월한 인지능력을 보인다. 언어능력과 인지능력은 연결되어 있기 때문이다.[1] 아동 발달을 연구한 교육심리학자 레프 비고츠키(Lev Vygotsky)는 아이들이 2세 무렵부터 사고할 때 언어를 사용하게 되고, 7세쯤 되면 언어와 사고가 상호 연결되어 언어능력이 인지 발달을 강화하는 데 도움이 된다고 하였다.[2] 언어지능이 높은 아이들은 하나를 가르쳐 주면 둘을 안다. 공부를 잘하는 법을 자기도 모르는 사이에 이미 터득하고 있다. 사실 모든 배움이 들음과 읽음에서 시작된다는 점을 생각해 본다면, 언어능력이 인지 발달과 학업 성취의 기초가 됨은 새삼스럽지 않다. 언어능력이 뒷받침돼야 학습 시 기억해야 할 중요한 내용이 무엇인지, 어떤 내용을 어떤 식으로 도식화해서 표현해야 하는지, 혹시 틀리거나 왜곡된 내용은 없는지, 기존에 알고 있던 내용과 연결되는 내용은 없는지 정확히 분별할 수 있기 때문이다.

실제로 교육 현장에서는 언어능력이 뛰어난 아이들이 언어와 직접 관련된 국어와 외국어 과목뿐만 아니라, 수학·과학·사회 등 모든 과목에서 높은 성취도를 보이는 경우가 많다. 어릴 때부터 언어 표현력이 뛰어났던 대니얼 리(Daniel Lee)는 초등학교 1학년 때 '소리'에 대해 이야기해 보라고 하자 '구름과 구름이 부딪치는 소리'라는 표현으로 선생님을 놀라게 했다고 한다. 소리의 의미를 자신의 언어로 창의적으로 표현했던 것이다. 언어지능이 높았던 이 아이는 언어능력과 수리능력을 평가하는 미국의 대학 입학 자격시험인 SAT에서 1,580점(1,600점 만점)을 받았고, 지금은 미국 아이비리그 중 하나인 컬럼비아대학교에서 경제학을 공부하고 있다.

또한 좋은 언어지능 렌즈를 낀 아이는 뛰어난 의사소통 능력을 보인다. 언어 이해력과 표현력이 좋은 아이들은 또래들과 대화할 때 자신감이 있을 뿐만 아니라, 다툼이 생겼을 때도 상대방의 말을 잘 들으며 갈등을 지혜롭게 풀어 나간다. 의사소통의 기본은 상대를 이해하기 위한 행위, 즉 잘 듣는 것이다. 하지만 안타깝게도 주위를 보면 남의 이야기를 집중해 듣는 사람들이 많지 않다. 아이들도 마찬가지다. 듣는 중간에 말을 끊거나 화제를 돌리기가 부지기수다. 또 듣는 시늉은 하지만 머릿속으로는 딴생각을 하며 나중에 엉뚱한 이야기를 늘어놓는다. 반면, 언어지능이 높은 아이들은 경청에 능하다. 상대방의 생각과 감정을 잘 읽고 높은 공감능력으로 대인관계도 잘 맺는다. 인간은 사회적 동물이라서 사람들과의 관계가 원만하지 못하면 결코 행복할 수가 없다. 더불어 잘 살기 위해선 의사소통 능력을 갖춰야 하며, 이 소통 능력의 밑바탕이 언어지능이다.

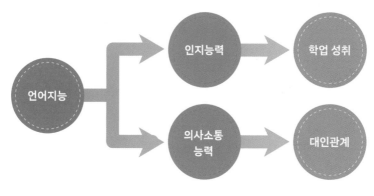

[그림] 언어지능을 키워야 하는 이유

그렇다면 좋은 렌즈, 우리 아이의 언어지능을 끌어올리기 위해 가장 중요한 것은 무엇일까?

바로 부모의 관심과 노력이다. 아이는 부모의 관심과 사랑 안에서 클 때 전인적으로 성장한다. 그리고 그 사랑의 큰 울타리 안에서 더불어 살아가는 법을 체득할 때, 비로소 지성과 인성이 균형 잡힌 인재로 성장하게 된다. 특히, 부모와 함께하는 책 읽기는 아이의 언어지능을 높이는 부스터 역할을 한다. 그래서 이 책은 가정에서 부모가 책으로 아이의 언어지능을 키우는 방법을 소개하는 데 중점을 둔다.

1장에서는 언어 발달의 결정적 시기와 가정환경의 중요성을 알아보고, 2장에서는 왜 책이 언어지능을 키우는 가장 좋은 도구인지 이야기한다. 3장에서는 가정에서 책으로 언어지능을 키울 수 있는 다양한 방법들을 소개하며, 4장부터 7장까지는 언어지능의 세부 능력인 듣기, 말하기, 읽기, 쓰기 능력을 향상하기 위한 부모의 양육 방법을 제안한다. 마지막으로 부록에는 아이와 함께 책을 읽으며 언어지능을 높일 수 있는 '우리 집 책 놀이 활동표'를 실었다.

이처럼 이 책은 아이의 언어지능을 골고루 발달시켜 인지능력, 의사소통 능력, 창의력, 학업 성취도 등을 높이는 방법을 제시한다. 따라서 아래와 같은 문제로 한 번이라도 고민해 본 적이 있는 부모들에게 이 책은 바른길을 터 주리라 확신한다.

- 아이가 학업에 흥미를 느끼지 못하고 집중력이 부족하다.
- 아이가 교과서를 읽어도 내용을 파악하기 어려워한다.
- 아이가 시험을 볼 때 문제를 정확히 이해하지 못해서 실수가

잦다.

- 아이가 책 읽기를 거부하거나 만화책만 보려고 한다.
- 아이가 말을 자주 얼버무리고 앞뒤가 안 맞게 이야기한다.
- 아이가 친구들과 자주 다투고 자꾸 오해가 쌓여 억울한 상황을 겪는다.
- 아이와 진솔한 대화를 나누는 것이 어색하다.
- 아이에게 책 읽기 습관을 들여 주고 싶은데 어떻게 해야 하는지 모르겠다.
- 아이에게 책을 읽어 준 다음에 또 무엇을 해야 하는지 모르겠다.

필자들은 교육 전문가, 교사, 엄마와 아빠의 위치에서 오랜 시간 아이들을 관찰하고 연구한 내용을 이 책에 담았다. 어느 아이건 제각기 가지고 있는 여러 모양의 렌즈는 하나하나가 다 더할 나위 없이 소중하고 특별하다. 이 소중하고 특별한 렌즈의 성능을 높이는 것, 언어지능을 높여 아이의 잠재력을 끌어올리는 것이 아이의 조력자인 부모의 역할이라고 믿는다.

지금부터 그 부모의 역할을 이야기하고자 하니, 자, 이제 함께 쑥쑥 끌어올려 보자! 내 아이의 언어지능을!

## 차례

추천사 004

프롤로그　특출난 아이를 키운 가정엔 '비밀 열쇠'가 있다! 010

# PART 1.
# 똑똑한 아이는　언어지능이 다르다

## 1장　바로 지금, 언어지능에 집중할 때예요!

**1.** 언어지능이 후천적으로도 길러지나요? 023

**2.** 지금이 언어 발달의 '결정적 시기'라고요? 028

**3**. 언어 발달의 8할은 가정! 033

## 2장　책 읽기가 좋은 건 아는데, 그다음은요?

**1.** 몰입을 경험해야 성공해요 039

**2.** '생각 근육'을 단단히 하면 공부가 절로 돼요 045

**3.** 책 읽기가 좋은 건 아는데, 그다음은요? 049

**3장**                                    **이걸 다 책으로 할 수 있다고요?**

**1.** 우리 아이도 책을 좋아할 수 있어요                                    055

**2.** 책만 읽고 끝내지 말라!                                    060

**3.** 메타언어의 시대, 북토크와 독서 토론이 인재를 만든다                                    064

# PART 2.
# 네 가지 비밀                    파헤치기

**4장**                                    **첫 번째 비밀, 듣기**

**1.** 성공하는 사람은 잘 듣는 사람                                    075

**2.** 당신의 말투는 어떤가요?                                    078

**3.** 듣기 능력을 키우는 하루의 활동                                    082

**우리 집 책놀이** 책으로 키우는 듣기 능력                                    086

## 5장                                                 두 번째 비밀, 말하기

**1.** 누구나 말 잘하는 사람이 될 수 있어요            109

**2.** 질문만 잘해도 말 잘하는 사람           113

**3.** 사회성 좋은 아이로 키우고 싶다면?          117

**4.** 생활 속에서 말하기 능력 키우기          121

---

우리 집 책놀이 책으로 키우는 말하기 능력         128

## 6장                                                 세 번째 비밀, 읽기

**1.** 지금 읽지 않으면 늦어요          145

**2.** 오늘 밤도 난 아이에게 책을 읽어 줍니다        148

**3.** 읽기 능력을 키우는 하루의 활동         153

---

우리 집 책놀이 책으로 키우는 읽기 능력         158

**7장**                                      **네 번째 비밀, 쓰기**

**1.** 모두가 작가인 시대, 쓰기는 언어지능을 높이는 부스터샷     175

**2.** 쓰기 근육 다지기, 쉬운 글부터 써요!               180

**3.** '언덕 나무 심기'를 활용한 창의적 글쓰기              197

**4.** 쓰기 능력을 키우는 하루의 활동                  202

우리 집 책 놀이 책으로 키우는 쓰기 능력               206


부록 우리 집 책 놀이 활동표                     224

참고자료                                   233

# PART 1.
# 똑똑한 아이는

# 언어지능이 다르다

# 1장
# 바로 지금, 언어지능에 집중할 때예요!

# 1.
## 언어지능이 후천적으로도 길러지나요?

생각해 보면 참 신기하다. '앵앵' 옹알이만 하던 아이가 첫돌이 되자 '맘마'라는 말을 내뱉고 18개월경엔 오십 개가 넘는 단어를 말하기 시작한다. 네 살쯤 되면 이젠 자기 생각과 느낌을 제법 또렷이 표현한다. 아이의 이런 언어 변화는 어떻게 일어나는 것일까? 언어지능은 언어를 효과적으로 구사하는 능력을 말한다. 그렇다면 이러한 능력은 태어날 때부터 선천적으로 결정되는 것일까? 아니면 후천적으로 학습되는 것일까?

놈 촘스키(Noam Chomsky)와 같은 생득주의 언어학자들은 언어를 자연스럽게 습득하게 해 주는 생물학적 언어 기제인 언어 습득 장치(LAD: Language Acquisition Device)가 선천적으로 인간의 뇌에 내재해 있다고 주장한다. 이 선천적인 LAD 덕분에 아이는 언어 습득 능력을 갖추고 태어난다는 것이다. 그래서 굳이 아이에게 언어교육을 하지 않아도 적절한 시기에 적절한 언어 환경에 노출되기만 하면 자연스레 언어를 익히게 된다고 한다.[3]

이러한 주장에 따르면 언어는 무의식적으로 습득(acquisition)되는 것이지 인위적으로 학습(learning)하는 게 아니다. 듣고 보니 맞는 말 같다. 이 책을 쓴 필자들도 어렸을 때 모국어인 한국말을 하려고 애썼던 기억이 없다. 지금 이 책을 읽고 있는 독자들도 마찬가지일 것이다. 한국에서 태어나 한국인 부모 밑에서 자라면서 특별히 한국어를 하려고 노력하지 않았는데도 어느 시기가 되자 자신도 모르게 한국어를 하고 있었을 것이다.

이런 걸 보면, 정말 인간의 뇌에는 LAD가 있는 것 같다. 게다가 최근 뇌 조직과 언어능력 간의 연관성을 조사한 연구 결과를 보면, 언어능력이 뇌 조직과도 관련돼 있음을 분명히 알 수 있다. 몇 년 전 미국 보스턴대 연구진은 사십 명의 아이들을 추적 관찰해 언어 발달에 뇌 조직 밀도가 얼마나 영향을 미치는지 조사했었다. 연구진이 아이들 뇌의 백질(white matter) 조직 밀도를 측정해 언어학습 능력을 평가한 방법은 다음과 같다. 우선 생후 7~14개월 된 사십 명의 영아를 대상으로 뇌의 백질 경로 중 궁형 다발(arcuate fasciculus)을 MRI를 이용해 촬영했다. 궁형 다발은 언어의 이해를 담당하는 베르니케 영역(Wernicke's area)과 언어 표현을 담당하는 브로카 영역(Broca's area) 사이를 연결하는, '언어 고속도로'라 불리는 뇌의 조직이다. 연구진은 이렇게 MRI를 이용해 영아들의 궁형 다발 영상을 찍은 후, 약 5년이 지난 다음 이 아이들을 다시 만나 언어능력을 평가해 봤다. 그 결과 영아기에 궁형 다발 백질 조직 밀도가 높았던 아이들의 언어능력이 그렇지 않았던 아이들보다 훨씬 뛰어난 것으로 나타났다.[4] 즉, 선천적인 뇌 백질의 밀도 차이가 언어능력의 차이를 가져온 것이다. 이와 같은 연구 결과를 보면 언어는 선천적 요인에 영향을 받는 것이 분명하다.

그런데 만약 이러한 언어능력이 뇌 속 어딘가에 내재한 LAD나 뇌 조직에 의해 선천적으로 결정되는 것이 아니라면, 도대체 언어능력은 어떻게 생겨나고 발달하는 것일까? 실제로 이 LAD라는 게 인간의 뇌에 어디에 있는 건지, 언제 어떻게 작동하는 건지, 또 구체적으로 무슨 역할을 하는 건지 아직 명확하게 밝혀진 것은 없다. 그렇기에 우리 아이의 언어지능이 선천적으로 결정되는 게 아닐 수도 있다는 의구심이 더 커진다.

그럼 한번 언어지능이 후천적인 요인에 의해 결정된다는 시각에서도 생각해 보자. 쥐를 이용한 학습 실험으로 유명한 버러스 스키너(Burrhus F. Skinner)와 같은 행동주의 심리학자들은 아이의 언어능력이 태어날 때는 백지상태이며 반복적인 언어 경험을 통해 후천적으로 학습해야만 습득될 수 있다고 주장한다. 즉, 언어능력은 자극과 반응, 모방과 강화를 바탕으로 한 습관 형성을 통해 습득하게 된다는 것이다.[5] 예를 들어 아이가 우유가 먹고 싶을 때 엄마한테 "우우"와 같이 우유와 비슷한 발음을 하게 되면 엄마는 아이한테 우유를 주면서 "우유 먹고 싶었구나?"라는 식의 언어로 반응하게 되는데, 이러한 과정이 반복되면서 아이는 '우유'라는 단어의 의미를 알게 된다는 것이다. 또 아이는 주위 사람들의 소리를 모방하면서 언어를 배운다고 한다. 예컨대 아이가 밥을 먹을 때마다 엄마가 반복적으로 "아가, 밥 먹자"라는 말을 하면 아이는 '밥'이라는 말을 모방해 따라 하게 되고 이를 본 엄마가 "옳지! 우리 아기 밥 잘 먹네!"라며 지속해서 긍정적인 강화를 줄 때 아이는 '밥'이라는 단어를 알게 되는 것이다.

이러한 행동주의 관점에서 보면 언어능력을 키우는 데 있어서 주위 사람들의 역할이 매우 중요함을 알 수 있다. 부모처럼 아이와 함께 가까이서 오랜 시간을 보내는 사람들이 사용하는 언어의 특성과 빈도가 아이의 언어 습득에 큰 영향을 미치기 때문이다.

그런데 이렇게 아이의 언어능력이 후천적으로 외부의 자극과 반응, 강화의 학습을 통해서만 발달한다고 하기에도 뭔가 찜찜함이 남는다. 왜냐하면 어떤 아이도 경험을 통해서 그 많은 어휘를 다 배울 수 없을뿐더러, 이러한 언어학습 과정을 거치지 않아도 어느 순간 어른만큼 풍부한 언어를 사용하게 되기 때문이다.

이제 다시 처음 질문으로 돌아와 보자. 그렇다면 아이의 언어능력은 선천적일까? 후천적일까?

**초등 공부, 언어지능이 답이다**

앞서 이야기한 것들에 비춰 본다면, 결국 언어지능은 뇌 조직 밀도와 같은 선천적 요인뿐만 아니라 부모의 양육 환경이나 학교 교육과 같은 후천적 요인에 함께 영향을 받는다고 보는 것이 가장 설득력 있어 보인다. 실제로 아이들은 가정과 학교에서 교육을 통해 지속해서 문법과 통사, 어휘, 음운 등에 대한 지식을 쌓아 가며 어른이 돼도 언어능력은 계속 발달한다. 물론 그 발달 속도는 갈수록 느려지고 이해력은 점차 감소하지만 말이다.

이 책은 아이들이 생물학적으로 언어능력을 어느 정도 갖고 태어나지만, 언어 경험을 풍부하게 할 수 있는 환경에서 성장할 때 언어지능이 더 발달한다는 관점을 기반으로, 어떻게 하면 아이의 언어지능을 높일 수 있는지 알아보고자 한다. 언어지능을 높이는 부모의 역할, 특히 가정에서 부모와 함께하는 독서 연계 활동에 초점을 두고 아이의 언어지능을 높이는 방법들을 하나씩 독자들과 나눠 보고자 한다. 지금이 바로 아이의 언어지능을 높일 때이다.

## 2.
# 지금이 언어 발달의
# '결정적 시기'라고요?

언어능력을 발달시키기 위해서는 부모뿐만 아니라 주변 사람들과 상호작용을 하면서 많이 듣고 많이 말해 볼 수 있는 언어적 환경이 중요하다. 특히, 언어기능을 담당하는 뇌의 각 영역이 가장 집중적으로 발달하는 시기에 언어능력을 높이는 것이 무엇보다 중요하다. 인간의 대뇌는 좌우 두 개의 반구로 분리되어 있으며, 대뇌에서 언어기능을 수행하는 영역은 좌반구이다. 좌반구에는 언어기능을 담당하는 두 개의 영역이 있는데, 하나는 좌반구 하측 전두엽에 있는 브로카 영역(Broca's area)이고 다른 하나는 좌반구 측두엽에 있는 베르니케 영역(Wernicke's area)이다. 브로카 영역은 말의 발성과 문법적 언어 산출을 관장하고, 베르니케 영역은 듣기 능

초등 공부, 언어지능이 답이다

력과 언어의 이해를 관장한다.[6) 따라서 뇌의 언어기능을 담당하는 브로카 영역과 베르니케 영역이 가장 집중적으로 발달하는 시기에 좋은 언어적 환경에 노출되어 언어를 배우는 것이 효과적임을 알 수 있다.

그렇다면 우리 뇌의 언어 발달에서 가장 중요한 시기, 즉 '결정적 시기'는 언제일까? 언어 습득을 뇌 기능의 특화와 같은 뇌의 변화와 발달 측면에서 논한 결정적 시기(critical period) 가설에서는, 이 결정적 시기를 언어 습득을 위한 대뇌 피질의 가소성이 떨어지고 뇌의 성숙 과정에서 뇌의 좌반구와 우반구의 기능이 분화되는 측면화가 일어나는 시기라고 말한다.[7) 그렇다면 구체적으로 몇 세 무렵일까? 결정적 시기 가설에 의하면 사춘기 전인 만 10~12세다. 뇌의 측면화는 사춘기 무렵이 되면 끝나기 때문에 사춘기 이전이 언어를 배우는 결정적 시기라는 것이다.

물론 학계에서는 여전히 뇌의 측면화가 끝나는 시기에 대해 이견이 많고, 인간의 언어 습득 과정에서 결정적 시기라는 연령기가 과연 존재하는지에 대한 찬반 논의가 계속되어 오고 있다. 나이가 들수록 언어 습득 능력이 완만하게 떨어지는 것일 뿐 나이 외에도 가정의 경제력, 인지능력, 교육 정도 등 여러 사회적 요인이 언어 습득에 영향을 미친다는 것을 밝혀 결정적 시기를 반박한 연구도 있다. 또한 언어능력은 발음, 어휘, 문법, 담화 등 여러 영역에 걸친 종합적인 능력으로 언어의 영역마다 결정적 시기가 다르다는 주장도 있다.

그럼에도 뇌의 각 영역이 가장 발달하는 시기와 언어 습득의 연관성을 생각해 본다면, 아이가 초등학교를 졸업하기 전까지는 언어 발달에 관심을 갖고 가정에서 부모의 역할을 고민해 봐야 한다.

그렇다면 우리 아이의 뇌는 어떻게 발달하는 것일까? 뇌는 수태부터 순차적으로 발달하기 시작한다. 호흡과 심장 박동 등을 조절하여 '생명의 뇌'라 불리는 뇌간은 태어날 때 이미 발달해 있고, 생후 1개월부터는 '본능과 감정의 뇌'라 불리는 변연계가 발달하기 시작하며, 그 후에 '이성의 뇌'라 불리는 대뇌피질이 발달한다. 이렇게 뇌의 각 영역은 집중적으로 발달하는 시기가 다르기 때문에, 발달 시기별로 가장 적합한 자극을 주는 것이 아이의 뇌 성장뿐만 아니라 언어지능을 높이는 데도 효과적이다. 뇌의 발달 시기를 좀 더 자세히 살펴보면 다음과 같다.

생후 3세까지는 뇌 전체가 성장하면서 바뀌는 시기다. 뇌의 가소성이 가장 큰 시기로, 외부 환경과 상호작용을 하면서 뇌의 구조와 형태, 기능이 가장 많이 변화한다. 이 시기에는 본능과 욕구, 감정과 정서적 교환을 담당하는 변연계가 빠른 속도로 발달하는 반면, 인지기능을 담당하는 전두엽은 아직 제대로 발달하지 않는다. 따라서 3세까지는 부모와의 애착 형성과 정서적 교감이 가장 중요하며, 한글 자모 익히기처럼 인지능력을 필요로 하는 교육은 효과적이지 않다. 어차피 가르쳐 봐야 아이는 잘 이해하지 못한다. 간혹 주변에서 보면 내 아이는 특출나다는 믿음과 조기교육에 대한 환상으로 2~3세 아이한테 한글을 가르치거나 영어 단어를 외우게 하는 부모가 있는데, 이는 아이의 뇌에 엄청난 인지적 부담을 줄 뿐만 아니라 변연계의 발달을 저해하는 부작용을 낳는다. 신의진 연세대 소아정신과 교수는 이 시기에 변연계가 충분히 발달하지 못하면, 충동 조절이 안 되고 공감능력이 떨어져서 사람들과 관계를 맺는 데 큰 어려움을 겪게 된다고 말한다.[8]

다음으로 아이들이 유치원에 다니는 4세부터 6세까지는 대뇌 앞쪽의 전두엽이 급속히 발달한다. 이 시기에는 이성적 사고와 판단, 추상적 사고, 주의력과 집중력, 행동과 감정의 조절, 인간다움이 집중적으로 발달한다. 또한, 주변 소리에 대한 반응성이 커지는 이 시기에는 부모가 아이에게 책을 읽어 주면서 좋은 말소리를 많이 들려주는 것이 아이의 언어 발달에 큰 도움이 된다. 아이는 책의 글자는 읽지 못하더라도 부모의 목소리를 들으면서 내용을 이해할 수 있고, 책의 그림을 보면서 자기 나름대로 상상의 나래를 펼치기도 한다. 그리고 이 시기에는 놀이나 여행, 체험 활동 등을 통해 외부 환경과 다양한 언어적 상호작용을 하면서 좋은 언어적 경험을 쌓는 것이 중요하다. 실제로 아이들은 또래랑 놀면서 친구가 하는 새로운 표현이 무슨 뜻인지 궁금해하기도 하고, 엄마 아빠랑 여행을 가서는 안내판에 쓰인 글자가 무슨 뜻인지 궁금해하면서 문자 기호에 관심을 갖기도 한다. 이러한 언어적 경험들이 아이에게 언어를 배우고자 하는 동기를 부여하며 언어 발달에 도움을 주는 것이다.

다음으로 아이들이 초등학교에 다니는 7세부터 12세까지는 대뇌의 좌우 측면인 측두엽과 정수리 부분인 두정엽이 집중적으로 발달한다. '과학의 뇌'라 불리는 두정엽은 수리논리와 공간지각을 담당하고, '언어의 뇌'라 불리는 측두엽은 언어기능을 담당한다.[9] 이와 관련하여 뇌의학 연구의 권위자인 서유헌 가천대 석좌교수는 초등학교 시절에는 측두엽의 기능인 언어교육을 집중적으로 실시하는 것이 효과적이라고 하였다.[10] 즉, 측두엽이 가장 많이 발달하는 이 시기에는 듣기, 말하기, 읽기, 쓰기 등 언어의 모든 영역에서 계획화된 교육과 학습이 효과적이다. 아이가 초등학교에 입학하는 7세부터는 교실에서뿐만 아니라 가정에서도 문법과 어휘, 담화 능력을 키우는 언어교육을 체계적으로 실시하는 것이 언어 발달에 도움이 되는 것이다.

**0~3세  뇌 전체가 성장하며 바뀌는 시기**
뇌 가소성(neuroplasticity)이 큼. 주변 환경과 상호작용을 하면서 뇌의 구조와 형태, 기능이 가장 많이 변화하고 성장하는 시기임

**4~6세  전두엽이 활발하게 발달하는 시기**
이성적 사고와 판단, 추상적 사고, 주의력과 집중력, 행동과 감정의 조절, 인간다움(인성)이 집중적으로 발달하는 시기임

**7~12세  측두엽과 두정엽이 발달하는 시기**
수리논리, 공간지각, 언어능력이 집중적으로 발달하는 시기임

본능과 감정을 억제하고 다스리며 자기조절능력과 인지기능 담당

**이성의 뇌 (대뇌피질)**

본능과 욕구, 감정과 정서 담당

**감정의 뇌 (변연계)**

**생명의 뇌 (뇌간)**

호흡과 혈압, 심장박동 등 생명 유지 기능 담당

[그림] 뇌의 발달 단계

초등 공부, 언어지능이 답이다

## 3.
# 언어 발달의 8할은
# 가정!

　　'읽다'의 사전적 의미인 '글이나 글자를 보고 그 음대로 소리 내어 말로써 나타내다'와 '글을 보고 거기에 담긴 뜻을 헤아려 알다'에서도 알 수 있듯이, 학습의 가장 기본인 읽기는 음운 인식과 어휘 지식이 뒷받침되어야 한다. 우리나라는 읽기 학습 과정이 초등학교에서 본격적으로 시작되지만, 대부분의 아이는 이미 학령기 전에 음운을 인식하고 있으며 약 8천 개의 어휘를 알고 있는 상태에서 초등학교에 입학한다. 그리고 초등학교 입학 후 읽기 학습이 체계적으로 이루어지면서 아이들의 음운과 어휘, 형태와 통사, 대화 기술은 급격히 발달한다. 아이들은 저학년 때 음운을 거의 다 알게 되고, 3~5학년 때는 형태론적 지식이 늘어남에 따라 아는 단어도 2만여 개로 증가한다. 또 복문과 대명사 등을 사용해 문법적으로 더 복잡한 문장을 구사할 수 있게 되며, 대화 주제와 관련한 길고 일관성 있는 이야기를 하는 말하기 능력도 발달한다.

이러한 학령기의 언어 발달에 가장 큰 영향을 미치는 것은 바로 학령기 전 가정에서의 문해 활동이다. 문해력은 구어처럼 자연스럽게 습득할 수 있는 것이 아니라 교육을 받아야만 발달할 수 있는 언어 영역이다. 아이들은 문해력의 바탕이 되는 음운 인식과 어휘 지식을 취학 전 가정에서 부모로부터 가장 많이 배우게 된다. 즉, 가정에서 부모가 아이와 어떻게 대화하느냐에 따라 아이의 언어 능력에서 차이가 나타나는 것이다.

이와 관련하여 가정에서의 읽기 활동이 이후 아이의 문해력에 어떤 영향을 미치는지 핀란드에서 연구한 결과를 한번 보자. 핀란드 위배스퀼래대학(University of Jyväskylä) 연구팀은 가정에서 엄마가 아이와 함께 책을 읽거나 아이에게 책을 읽어 주는 것과 엄마가 아이에게 읽는 법을 가르치는 것이 아이의 읽기 정확성과 유창성 등에 어떤 영향을 미치는지 종단적으로 연구해 보았다. 핀란드 아이들을 대상으로 일 년 간격으로 세 번(유치원 졸업 전, 1학년 말, 2학년 말) 조사해 본 결과, 유치원 때 엄마가 아이와 함께 책을 자주 읽을수록 아이의 어휘력은 발달했으며 엄마가 아이에게 글자 이름과 소리, 발음하는 방법 등을 자주 가르칠수록 취학 전 아이의 문해력은 더욱 높아졌다. 그리고 유치원 때 엄마가 아이와 함께 책 읽기와 읽기 교육을 자주 할수록 아이는 초등학교에 가서 스스로 책을 더 자주 읽게 되었다. 그뿐만이 아니다. 취학 전 문해력은 초등학교 1, 2학년 때도 계속 이어져 읽기 능력에 긍정적인 영향을 주었다.[11]

취학 직전인 만 5세의 국내 유아 236명을 대상으로 읽기와 쓰기 능력을 분석한 전은옥 박사와 최나야 교수의 연구 결과도 핀란드 아동들의 사례와 비슷했다. 엄마의 학습 관여 정도가 높을수록 유아의 문해 능력과 가정 문해 환경이 우수했고, 가정 문해 환경이 우수할수록 유아의 자기주도 학습 능력 수준이 높았으며, 유아의 자기주도 학습 능력이 높을수록 문해 능력도 우수한 것으로 나타났다. 즉, 취학을 앞둔 아이의 문해력 향상을 위해서는 엄마가 아이의 학습에 적절히 관여하고 이를 통해 아이에게 우수한 가정 문해 환경을 제공하며, 그 안에서 아이가 자기주도 학습 능력을 키우는 것이 중요하다는 것이다.[12]

한편, 가정 문해 환경과 관련하여 미국 뉴욕대 아동 문해 교육학과 교수인 수잔 뉴먼(Susan B. Neuman)은 우수한 문해 환경을 다음과 같이 설명하였다. 아이가 가정에서 책을 읽거나 글을 쓸 수 있는 문해 활동 공간이 따로 마련되어 있고, 아이가 읽을 수 있는 다양한 책들이 책장에 꽂혀 있으며, 책을 읽는 공간에는 아이가 편안하게 책을 볼 수 있도록 쿠션이나 부드러운 소재의 물건들이 갖춰져 있다. 또, 그렇게 편안하게 책을 읽거나 글을 쓸 수 있는 공간으로 아이가 언제든지 부모의 도움 없이 쉽게 접근할 수 있을 때 가정 문해 환경이 우수한 수준이라고 한다.[13] 이 책을 읽는 독자들도 지금 한 번 우리 집의 문해 환경은 어떤지 체크해 보면 어떨까?

## 테스티모니 아이와의 교환일기

아홉 살 아들은 자신의 감정을 표현하는 것에 익숙하지 않았고, 엄마인 나는 워킹맘으로서 아이와 이야기를 나눌 시간이 절대적으로 부족했다. 그래서 나는 교환일기를 시작하였다. 내가 직장에서 겪은 이야기, 혹은 어젯밤 아이를 혼내면서 들었던 생각이나 감정, 나의 일상을 아이에게 일기 형식으로 쓰고 아이의 답장을 일기장에 받았다. 시간을 정해 놓지는 않았지만, 일주일에 한 편 정도를 생각하고 썼다. 내가 교환일기를 쓰기로 한 목적은 크게 세 가지였다. 첫째, 일기는 어떻게 쓰는지 아이가 엄마의 글을 보며 이해하면 좋겠다. 둘째, 엄마의 감정을 언어로 표현하는 과정을 보며 아들도 자신의 마음속의 이야기를 글로 표현함으로써 감정의 순화를 경험하면 좋겠다. 셋째, 교환일기를 통하여 자신의 감정을 표현하고 조절하는 어른의 모습을 나의 자녀가 보고 배우면 좋겠다.

위의 세 가지를 목표로 삼고 일 년간 꾸준히 교환일기를 썼더니 이런 변화가 생겼다. 제일 도움이 되었던 점은 어른인 내가 나의 감정을 언어로 표현하면서 아이와의 공감대가 생겼다는 것이다. 우리 엄마도 '부끄러움', '화남', '불안'을 느낄 때가 있다는 것을 아이는 놀라워했다. 또한 그러한 부정적인 감정도 솔직하게 언어로 표현하는 것이 도움이 된다는 것을 알게 되었다. 자신의 긍정적인 감정뿐만 아니라 부정적인 감정까지 이해하고 그것을 언어로 표현하며 조절할 수 있는 능력은 아이가 자랄수록 더욱 필요

초등 공부, 언어지능이 답이다

하고 중요한 능력이라는 것을 깨닫게 되었다. 마지막으로 아이가 감정을 표현하는 어휘가 풍부해졌다. 그냥 '슬펐다'가 아니라 '아쉬웠다'로, '짜증났다'가 아니라 '속상하고 다시 하고 싶었다'로, 자신의 감정에 대해 점점 더 구체적으로 표현할 수 있게 되었다. 나는 감정과 관련된 어휘는 단순히 글을 통해 접하는 것이 아니라, 실제 상황에서 적절하게 쓸 수 있어야 한다고 생각하는데, 교환일기를 통해 아이는 감정과 관련된 다양한 어휘의 뜻을 알고 일상생활 속에서 사용할 수 있게 되었다.

- 박진영 | 서울백석초등학교 교사, 경인교육대학교 강사

# 2장
# 책 읽기가 좋은 건 아는데,
# 그다음은요?

# 1.
# 몰입을 경험해야
# 성공해요

대부분의 아이는 영아기에 오감을 활용해 탐색하는 대상으로 책을 접한다. 헝겊을 비롯하여 다양한 천을 활용한 책, 인형의 형태를 띤 책, 입체적 그림으로 이루어진 책 등 아이들은 책을 손으로 만지고 감촉을 느끼며 접한다. 아이가 좀 더 성장하면 그림책을 만나게 되는데, 이때는 책의 표지나 삽화에 관심을 보이기도 하고 반복적으로 같은 그림을 관찰한다. 이 시기의 아이들에게 책은 놀잇감이다. 그리고 부모가 본격적으로 아이에게 책을 읽어 주는 시기가 되면, 아이들은 부모가 읽어 주는 책에 흠뻑 빠져 책 내용을 일상에서 이야기하거나 좋아하는 책을 거듭 꺼내 오는 행동을 한다. 영아기 때는 책이 단순한 놀잇감이지만, 부모가 책을 읽어 주고 아이가 듣는 활동을 되풀이하면서 책은 상호작용 놀이의 대상으로 발전한다.

이렇게 놀이로 책을 자주 접한 아이들은 문자 해독이 가능한 시기가 되면 책의 첫 장부터 마지막 장까지 집중력을 잃지 않고 읽어낼 수 있게 된다. 마치 블랙홀에 빠져 들어가듯 책 속 이야기에 매료되는 경험을 하게 되고, 책을 통한 놀이에서 한 단계 더 발전한 '몰입(Flow)'을 경험하게 된다.

책은 몰입을 가능하게 하는 가장 효과적인 매개체다. 책에 빠져들어 본 경험, 책을 읽은 후 책과 관련된 생각이 머릿속을 떠나지 않아 그 책에 대해 더 알아보고 싶고, 책 내용에 관해 이야기하고 싶고, 비슷한 책을 더 찾아보거나 내 생각을 써 보고 싶은 마음이 바로 책을 통한 몰입감이다. 마치 정말 좋은 영화를 보면 영화가 끝나도 자리에서 쉽게 일어나지 못하고, 그 영화를 본 사람들과 생각을 나누며 이야기하고 싶고, 유튜브나 블로그에서 그 영화 후기를 찾아보면서 영화를 보며 느낀 감정을 오랫동안 간직하다가 비슷한 영화나 그 영화를 만든 감독의 다른 작품까지 찾아보게 되는 영화광들의 행위와 비슷하다.

미국의 대표적인 심리학자 미하이 칙센트미하이(Mihaly Csikszentmihalyi)는 시카고대학교 교수 시절, 그림을 그리는 한 화가를 목격하였다. 화가가 피로와 배고픔, 불편함을 잊은 채 무의식에 가까운 퍼포먼스를 보이는 모습을 보면서 미하이는 기존 행동주의 심리학으로 설명이 안 되는 인간의 본성에 대한 궁금증을 품게 되었다. 그리고 이러한 궁금증을 바탕으로, 무언가에 흠뻑 빠져 완전히 집중하는 행위는 외적 보상이 아닌 행위 그 자체가 주는 재미와 즐거움으로 인한 것이라는 '몰입 이론'을 발표한다. 그가 말한 몰입은 자아와 주변 환경, 과거-현재-미래가 구분되지 않을 정도로 온 힘을 다 쏟은 행동을 할 때 느끼는 초월적 감정이다. 즉, 외부 세계의 개입이 허용되지 않는 고도의 집중력을 발휘할 때가 바로 몰입 상태이다.[14] 몰입 이론에 의하면 인간에게 일과 놀이는 반드시 분리되는 것이 아니며, 인간은 일을 놀이로 받아들일 때 최고의 집중력이 발휘된다.

완전한 몰입 상태에서는 몰입하는 행동 자체 이외의 모든 내외부의 자극에 대해서는 무신경하게 된다.[15] 실제로 한 분야에서 성공을 이룬 사람들은 대부분 일과 재미, 일하는 나와 놀이하는 나를 구분 짓지 않고 초고도의 집중력을 발휘하는 몰입을 경험한다. 몰입 이론에 기반하여 풋볼 선수들을 훈련한 댈러스 카우보이팀은 1993년 슈퍼볼에서 우승하였고, 괴테보르그 볼보 공장 노동자들은 몰입 이론을 통하여 더 쾌적한 작업 환경에서 일할 수 있게 되었다.[16] 미술계와 음악계 역시 몰입 이론을 적극적으로 수용해 활용하고 있다. 세계 많은 미술관이 몰입 이론을 활용해 관람자들의 집중력을 높일 수 있는 전시를 기획하고 있다. 이처럼 몰입 이론은 다양한 분야에 적용되어 그 이론의 정당성을 입증받고 있다.

책의 가장 큰 강점이 바로 이와 같은 긍정적 형태의 몰입을 할 수 있게 한다는 점이다. 흔히 주의 집중력이 약하고 산만한 기질의 아이를 보고 '엉덩이가 가볍다'라고 말한다. 많은 부모가 내 아이만큼은 밖에 천둥과 번개가 쳐도, 텔레비전 소리가 아무리 시끄러워도 상관없이 할 일을 해내는, 엉덩이가 무겁고 집중력이 뛰어난 아이였으면 한다. 그렇다면 아이가 책을 통해 몰입을 경험해 보도록 도와주자. 이 몰입의 경험은 아이의 집중력을 향상시킬 뿐만 아니라, 자기주도적 학습의 토대를 마련해 줄 것이다.

**테스티모니 책을 통한 완전한 몰입**

초등학교 1~2학년쯤이었다. 연거푸 며칠 술래만 했던 날, 어김없이 그날도 술래가 되자 마음속에 이미 굵게 똬리를 튼 불만 덩어리가 꿈틀거리더니 나도 모르게 "나 안 해!"를 외치고야 말았다. 이날이 시작이었나 보다. 자발적 왕따가 된 것이. 베란다 문만 열면 놀이터가 훤히 보였던 구조의 아파트 3층에서 난 홀로 앉아 있었다. "나 안 해"를 공표한 다음 날부터 거실 소파에 앉아 베란다 너머 친구들이 즐겁게 뛰어노는 소리를 듣는데, 신기하게도 마음이 편안해졌다.

책을 펼쳤다. 이원수 동화 속 개미들이 우정도 사랑도 나누고 힘을 모아 개미 사회를 변화시키는 데 흠뻑 빠져들었다. 마법에 걸린 공주님 때문에 소시지를 만들다 말고, 장작을 패다 만 채 백 년 동안 잠만 자는 사람들이 우스웠다. 박씨 부인이 허물을 벗을 때는 엄마의 '향' 잡지에 나온 예쁜

언니들 얼굴을 떠올렸다. 로빈슨이 소인국에 갔을 때는 그가 혼자 얼마나 많은 식량을 먹어 댄 것일까 삽화 속 빵 개수를 세어 보기도 하고, 길에 지나가는 개미를 보며 혼자 거인이 된 것처럼 로빈슨 놀이를 했다. 신발 뒤축이 닳은 정도와 양손의 크기를 보고 직업을 유추해 낸 홈즈가 존경스러웠고 그와 쫓고 쫓기는 대결을 벌이는 뤼팽은 매력적이었다.

빛이었다. 빛은 몰입이었다. 항상 술래만 하던 소녀, 겁이 많고 달리기가 유독 느리고 몸 움직임이 둔하던 어둠 속 소녀는 책을 만나 반짝이는 눈을 갖게 되었다. 책을 통해 완전한 몰입을 경험하게 된 것이다. 학교에 다녀와서 놀이터가 보이던 집 소파에 앉아 책을 펼치면 이야기 속으로 빠져들었다. 마치 이상한 나라의 앨리스가 시계 토끼를 따라 굴로 들어가듯 책 표지를 펼치는 순간 나와 내 공간은 이미 이야기의 한 부분이었다. 놀이터에서 뛰노는 아이들의 소리가 들리지 않았다. "저녁 먹어라" 하고 몇 번이고 외치는 엄마의 목소리도 들리지 않았다. 해가 뉘엿뉘엿 지고 창밖 하늘의 색이 바뀌어도 눈치채지 못했다. 이야기가 나를 붙잡았다. 소파 위 나의 시간은 마치 블랙홀을 지나듯 몇 배는 빨리 흘렀다. 작은 자극도 느낄 수가 없었다. 엄마를 비롯한 외부 세계는 행동하는 나, 즉 이야기에 빠진 나와 완벽하게 분리되어 있었다. 몰입 자체가 즐거움이자 놀이였다. 책을 읽고 부모님께 칭찬받아야겠다든가 독후감을 잘 써서 상을 노려 봐야겠다는 목적을 두고 있지는 않았다. 책을 펼치기 전까지는 제발 내일 비가 와서 체육을 안 했으면 좋겠다는 간절한 생각에 잠겨 있었지만, 이야기로 들어가는 순간 어떤 질문도, 고민도 문제가 되지 않았다. 몰입이 깨지는 순간 현실로 돌아왔으나 내가 경험한 것은 충만함이었고 그것을 통한 자신감이었다.

왜 책이었을까? 책을 통하여 경험한 몰입은 한 아이가 성장하는 데 있어 작지만 큰 변화를 가져왔다. 몰입은 집중력과 자신감을 향상시켜 주었다. 책을 통한 몰입은 언어 이해력을 높여 주었을 뿐 아니라 독창적 상상력을 촉진해 주었다.

책 읽기는 나를 크게 변화시켰다. 써내는 독후감, 글짓기마다 모두 수상을 하였다. 크게 노력을 하지 않아도 상을 받으니 나 자신도 어안이 벙벙할 지경이었다. 초등 저학년까지 중간 이하였던 성적은 3학년 2학기를 기점으로 크게 향상되었다. 그 시절만 해도 성적 우수자에게는 '우등상'이라는 상장이 수여되었는데 거의 한 번도 빠짐없이 받곤 했다. 특별히 시험 공부에 많은 시간을 투자하지 않아도 나도 모르게 길러진 문해력, 집중력, 확장적 사고력은 성적을 '상'으로 올리기에 충분했다. 무엇보다 가장 큰 변화는 자신감이었다. 책을 통한 몰입으로 향상된 성적과 상장들은 '집중한다면 나는 무엇이든 할 수 있다'라는 자기 확신을 선사하였다.

- 황윤정 | 서울 도성초등학교 교사

## 2.
## '생각 근육'을 단단히 하면
## 공부가 절로 돼요

몰입의 경험은 과제 수행 중의 임계점을 높임으로써 수행력과 완성도를 높인다. 어려운 수학 문제를 만났을 때 풀이 방법을 달리하여 생각하고 또 생각해 마침내 혼자 풀어내는 아이들이 있다. 단순히 수학 머리가 좋아서라고 표현하기에는 설명이 부족하다. 이 아이들은 풀어냈을 때의 기쁨을 아는 아이들이다. 자신의 풀이 과정에서 오류를 찾아내고 그것을 해결할 때 발휘되는 집중력이 문제가 안 풀려서 중간에 포기하고 싶은 마음보다 훨씬 강한 것이다. 즉, 이 아이들에게는 수학 문제가 일종의 게임처럼 느껴지는 것이다.

'헤야 한다'라는 강제성이나 의무감으로만 오랜 시간 집중해서 공부하기는 힘들다. 부모나 선생님으로부터 받는 칭찬이나 좋은 성적과 같은, 눈에 보이는 결과물은 외적 보상으로 어느 정도 역할을 하는 것이 분명하지만, 공부를 해 나가며 아이가 느끼는 몰입감은 성취감과 맞물려 내적 동기로 강하게 작용하고 결과적으로 아이의 높은 학업 성취를 이끈다.

앞서 말한 풋볼 선수처럼 게임이나 스포츠 경기도 아이에게 몰입의 경험을 줄 수 있다. 그러나 아이의 인지능력을 높이고 싶다면 책으로 몰입을 경험하게 하는 것이 가장 효과적이다. 책에 대한 몰입은 게임, 스포츠, 레고나 블록 등에 대한 몰입보다 아이의 '생각 근육'을 더 강화해 주기 때문이다. 책에 몰입하는 순간, 아이의 머릿속에서는 책 내용을 이해하기 위해 자신의 기억 속에 저장된 지식 구조인 스키마(schema)를 활용한다. 자신의 기존 배경지식과 경험 등을 활용해 책 내용의 의미를 능동적으로 파악하고 새로운 의미를 구성해 나가는 것이다. 그리고 이러한 정보 처리 과정에서 키워진 아이의 언어능력은 책에 나온 어휘와 문장의 의미를 더 빠르고 정확하게 파악할 수 있게 도와준다. 즉, 아이의 언어지능이 인지 발달의 촉진제 역할을 하는 것이다.

한편, 책을 통한 몰입 경험은 아이의 학습 시간을 절약시켜 주기도 한다. 앞서 말했듯이 책으로 키운 언어지능은 이해력을 높이고 불필요한 정보는 빠르게 제거하는 판단력을 갖게 해 준다. 특히, 언어지능이 높은 아이들은 단편적인 내용 습득에서 끝내는 것이 아니라 기존 배경지식에 새로 배운 내용을 자유롭게 붙이기도 쪼개기도 새롭게 구성하기도 하며 두뇌를 활성화한다. 즉, 자신만의 지식 구조를 쌓아 나간다.

또한, 책을 통한 몰입은 비판적 사고력을 높인다. 책으로 몰입을 경험한 아이는 책을 스펀지처럼 흡수하듯이 읽으면서도 '이 책 내용이 정말 맞는 걸까?', '이 내용은 동의하기 힘든데?'라고 반문하며 읽는다. 특히, 자신의 스키마나 문화적 가치관과 책의 내용이 다를 때 이런 물음은 커지는데, 책에 몰입한 경험이 많은 아이일수록 물음에 대한 답과 근거를 스스로 찾으려고 노력하며 책을 읽는다. 이러한 과정에서 비판적 사고력이 향상되며 이는 자기주도적 학습의 토대가 되는 것이다.

책으로 몰입을 경험한 아이는 '몰입'이라는 재미를 통해 힘든 과정을 한 번 넘어서면 성취했다는 기쁨과 행복감을 맛볼 수 있다는 것을 잘 안다. 그리고 이 몰입의 경험은 더 오래, 더 집중해서 공부할 수 있게 해 주는 힘이 된다. 책을 통한 몰입 경험이 아이의 생각 근육을 강화해 주고, 이렇게 강화된 생각 근육은 학업 성취에 긍정적인 영향을 끼치는 것이다.

흔히 책을 많이 읽어도 성적은 '그닥'이라고 하는 아이들이 있다. 이는 대부분 책을 잘못 선택했거나 읽는 방법에 문제가 있는 경우다. 아니면 책을 읽으며 몰입 경험을 아직 하지 못했거나, 책을 읽은 후 몰입 상대를 유지하며 사고를 확장해 본 적이 없어 생각 근육이 자극되지 않았기 때문이다.

초등 공부, 언어지능이 답이다

# 3.

## 책 읽기가 좋은 건 아는데,
## 그다음은요?

　　대부분의 부모들은 아이의 인생에서 책 읽기가 얼마나 중요한지 잘 알고 있다. 엄청난 부를 쌓은 투자가도, 수능 고득점자도, 세계적 기업의 CEO도 책에 답이 있다고 말한다. 그러나 많은 경우 가정에서 책 읽기를 어떻게 지도해야 하는지 그 구체적인 방법을 몰라 답답해한다. 아이에게 무작정 책을 많이 사 주면 될까? 매일 목이 터질 만큼 책을 읽어 주면 될까? 동네 독서 학원과 논술 학원이 잘되는 이유는 가정에서 책을 재밌게 효과적으로 읽을 수 있는 방법을 가르쳐 주지 못하기 때문일지 모른다. 그럼 부모는 자녀의 책 읽기 교육을 어떻게 해야 할까? 가장 중요한 것은 단순히 책 읽기에 그치지 않는 것이다.

몇 년 전부터 초등학교에서는 국어 시간이나 창의적 체험 활동 시간을 활용해 '온 작품 읽기'나 '한 학기 한 권 책 읽기'를 하고 있다. 혼자 읽기 어려운 비교적 긴 호흡의 책을 학급에서 함께 읽음으로써 아이들의 독서 자신감과 문해력 향상을 꾀하고 있다. 그리고 교과 내용과 관련된 책을 골라 교과 내용을 통합하고 다양한 연계 활동을 펼쳐 시대가 요구하는 창의 융합적 인간상의 기초 역량을 기르고 있다.[17] 이와 같은 독서 연계 활동은 학교에서만 가능한 것은 아니다. 오히려 가정에서 더 효과적으로 독서 연계 활동을 할 수 있다. 아이에게 맞는 좋은 책을 골라 부모와 아이가 함께 읽고 책으로 할 수 있는 활동들을 최대한 끌어내는 것이다. 예를 들어, 동물을 다룬 책을 읽은 후에는 동물원에 가서 직접 동물을 관찰해 볼 수 있고, 역사책을 읽은 후에는 박물관에 가서 전시물을 관람하며 역사에 대한 이해도를 높일 수 있다. 박물관이 독서 연계 활동으로 좋은 이유

[사진] 역사책을 읽은 후 국립중앙박물관에서 중국 전국시대 화폐를 관찰하는 아이

는 그곳에서 아이들이 자연, 문화, 역사를 융합적으로, 그리고 흥미롭게 체험할 수 있기 때문이다.[18]

독서 연계 활동은 뒷장에서 구체적으로 살펴보기로 하고, 여기서는 우선 가정에서 아이와 함께 책을 읽을 때 꼭 기억해야 할 세 가지 단계를 알아보자.

첫 번째 단계는 기존 생각 깨우기다. 기존 생각 깨우기는 책을 읽기 전에 아이의 기존 지식을 활용해 책 내용을 추론할 수 있도록 도와주어 책에 흠뻑 빠질 준비를 하는 과정이다. 예를 들어, 책을 읽기 전에 "제목을 보니 떠오르는 게 있어? 무슨 이야기일 것 같아?"라는 간단한 질문만으로도 아이의 생각을 깨우고 흥미를 자극할 수 있다. 두 번째 단계는 기존 생각과 책을 통해 얻은 생각 연결하기다. 책을 읽으면서 책에서 새롭게 알게 된 내용을 기존 배경지식과 연결하여 지식을 구조화하고 생각을 확장하는 단계다. 예를 들어, 아이가 책을 읽을 때 부모가 "이 상황에서 주인공은 어떤 마음이었을까?"라는 질문을 던지거나, 책을 읽은 후 아이와 함께 '책과 관련해 생각나는 단어 아무거나 적어 보기', '누가 많이 적나 게임하기' 등의 연계 활동을 하는 것이다. 세 번째 단계는 생각 나누기와 생각 정리하기다. 책을 읽은 후 책 내용을 기반으로 가족들과 이야기를 나누는 과정을 통해 자기 생각을 정리하는 단계다.

이와 같은 단계로 책 읽기 활동을 하다 보면 어느새 아이의 언어능력이 길러지고 있음을 발견할 수 있을 것이다. 아이는 책을 받아들일 준비를 하고, 몰입하고, 자신의 것으로 만드는 과정을 거치며 언어적 경험을 축적해 나간다. 그리고 아이가 이러한 활동을 잘 따라 하고 부모도 어느 정도 자신감이 생겼다면 이제 읽기 전, 읽기 중, 읽기 후 활동을 유기적으로 연계해 책 읽기 프로젝트를 진행해 보는 것이다. 이 책의 4장에서부터 7장까지 중점적으로 다룰 [우리 집 책 놀이] 프로젝트를 독자들이 자녀와 함께 해 본다면, 아이의 언어지능뿐 아니라 전인적 성장과 발달에 큰 도움이 될 것이다.

한편, 책을 아이의 언어지능을 발달시키는 도구로 활용하고자 할 때는 구어 활동, 문어 활동, 통합 활동을 적절히 섞는 것이 좋다. 구어는 듣기와 말하기, 문어는 읽기와 쓰기, 통합은 모든 영역을 총망라한 활동을 이야기한다. 예를 들어, 구어 활동은 책 읽어 주기, 책을 듣기, 책 내용과 관련된 경험 말하기, 책을 읽고 느낀 점 이야기하기 등이고, 문어 활동은 책을 통해 새롭게 알게 된 어휘를 활용하여 문장 만들기, 등장인물에게 쪽지 쓰기, 읽은 분량만큼 매일 리딩로그(Reading Log) 쓰기 등이다. 통합 활동은 뒤에서 자세히 소개할 단어 거미줄 만들기, 등장인물의 표정 상상하여 그리기, 여러 책에 등장하는 인물들의 공통점과 차이점 찾기, 아이가 작가가 되어 스토리라인을 직접 짜 보는 '언덕 나무 심기' 활동 등이다. 이와 같은 활동들이 얼핏 보기엔 복잡해 보일 수 있으나, 그렇게 복잡하지도 어렵지도 않은 활동이다. 책 한 권과 전지 한 장이면 모든 준비 끝이다.

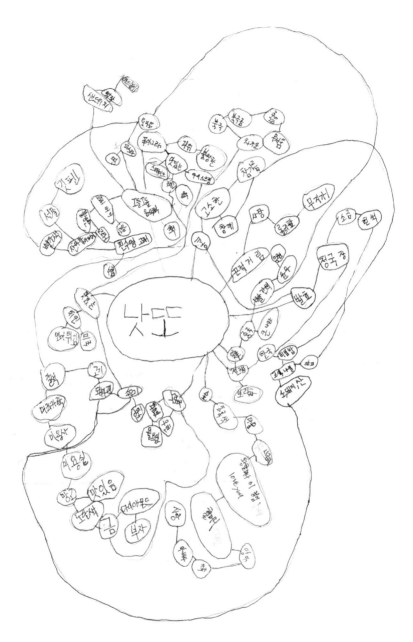

[그림] 통합 활동의 예: '낫또' 단어로 거미줄 만들기

# 3장
# 이걸 다 책으로
# 할 수 있다고요?

# 1.
# 우리 아이도
# 책을 좋아할 수 있어요

부모들은 "우리 아이는 책을 도통 읽지 않아", "만화책만 보려 해", "강제로라도 책 읽게 하는 학원 어디 없나요?" 하며 책을 좋아하지 않는 아이를 답답해하기도 하고 걱정스러워한다. 언어 지능 발달의 도구로 책을 활용하려면 먼저 아이들이 책에 대해 호기심을 갖고 궁금해해야 한다. 그러기 위해서는 양질의 책을 적절히 제공하는 것이 중요하다. 아이들이 책과 친해지고 책을 놀잇감으로 받아들이는 데 도움이 되는 몇 가지 방법을 소개한다.

① 집 곳곳에 책을 두기

너무 낳시도, 적시도 않은 양의 책을 집 곳곳에 두지. 기실, 안

방, 아이들 방, 주방, 화장실 어디든 책을 두어 손만 뻗으면 아이들이 책을 접할 수 있도록 하자. 아이를 키우는 집에서는 전집을 몇 질씩 갖춰 두고 있는 경우가 많다. 정리가 잘된 깔끔한 가정이라면 책은 책장에, 전집은 번호대로 예쁘게 꽂혀 있을 것이다. 그런데 이렇게 순서대로 예쁘게 꽂힌 어린이 전집은 그 모습이 지나치게 우아해 보여 선뜻 꺼내기가 망설여지기도 한다. 아이들도 마찬가지다. 책을 읽은 후 정리하는 것을 지나치게 강요하면 아이는 그 우아한 전집에 압박감을 느낄 수도 있다. 또 대부분 아이는 전집 중 몇몇 권은 좋아하지만, 나머지는 전집 전체를 처분할 때까지 들춰 보지도 않는다. 전집은 실내장식 소품이 아니다. 잘 정리된 전집을 나누어서 집안 곳곳에 두자. 아이가 흥미 없어 하는 몇 권을 침대 머리맡이나 화장실에 두는 것도 좋다. 책이 꼭 아이들 방에만 있을 필요는 없다. 책을 두는 위치만 바꿔도 재미없던 책이 흥미진진한 책으로 바뀔 수 있다.

### ② 리딩데이 정하기

일주일에 한 번, 최소 두 시간은 오로지 책을 읽는 시간으로 정해 보자. 주말이 시작되는 금요일 오후나, 하교 시간이 이른 수요일 오후를 리딩데이(Reading Day)로 정하는 것이 좋다. 리딩데이는 아이들과의 약속이므로 바쁜 일이 있거나 숙제가 밀렸다고 하다 말다 하면 책 읽기 루틴을 만드는 데 실패한다. 일주일에 두 시간은 오롯

이 책과 놀 수 있도록 시간을 확보하는 데 주력해야 한다. 아이들이 좋아하는 자유롭고 따뜻한 분위기를 연출하여 책 읽기는 편안하고 행복한 것이라는 인식을 심어 주어야 한다. 필자는 리딩데이 때 아이들에게 읽고 싶은 책을 다 꺼내서 만화책처럼 쌓아 놓거나 바닥에 두라고 한다. 눕거나 엎드리는 것도 좋고 베개, 쿠션을 활용하여 책 읽기를 하는 것도 좋다. 아이들이 좋아하는 과자나 음료수 등을 미리 준비하여 간식을 먹으며 책 읽는 행복을 만끽하게 해 준다. 그어떤 잔소리도 금지다. 아이들이 책 읽는 두 시간 동안은 온전히 '좋다'라는 느낌만 받을 수 있도록 해 보자.

### ③ 도서관 방문하기

아이와 함께 한 달에 두세 번은 도서관을 방문해 보자. 아이들이 읽는 책은 내용이 너무 길거나 어려우면 흥미가 떨어진다. 시리즈만 읽으면 책 편식이 심해지고 다양한 언어능력 발달을 기대할 수 없다. 그림동화, 단편 모음집, 중편, 장편, 시리즈 등 골고루 읽는 것이 좋다. 장르 구애받지 않고 아이가 좋아하는 책을 다양하게 읽게 하는 것이 좋다. 책 속 인물이 아이의 또래면 공감대 형성이 더 잘된다. 아이가 초등학생 이상이라면, 교과서에 나오는 개념들과 연계된 책을 읽으면 학습 효과가 극대화된다. 도서관에는 이 모든 조건을 갖춘 책들이 구비되어 있다. 책 고르기가 어려우면 도서관 사서에게 학령기에 적합한 책을 추천해 달라고 부탁하는 것도 좋으 방법이다.

도서관에 가면 아이와 함께 책을 고르는 시간을 충분히 갖자. 만약 한 번에 다섯 권의 책을 대출할 수 있는데 아이가 열 권의 책을 골랐다면 어떤 기준으로 다섯 권을 빼고 다섯 권을 고를 것인지 함께 이야기한다. 심사숙고하여 고른 책은 아이의 흥미이자 읽기 책임감이다. 아이는 후보에서 떨어진 나머지 다섯 권을 빨리 빌리기 위해서라도 이번에 고른 다섯 권의 책을 열심히 읽게 된다.

**테스티모니 아이와 함께 도서관에서 책 읽기**

도서관에서 아이가 책 고르는 것을 어려워할 때면, 나는 도서관에 비치된 학년별 추천 도서 목록을 보고 아이 수준에 맞는 책을 추천해 주었다. 그리고 딸이 책을 읽는 동안 나도 아이 옆에 앉아서 책을 읽었다. 도서관에 가면 딸은 주로 그날 학교에서 수업 시간에 배웠던 것과 관련된 책들을 읽었다. 어느 날은 사회 수업 시간에 땅콩 박사 조지 워싱턴 카버가 만든 발명품에 대해 배우고 와서는, 도서관에서 조지 카버의 일생을 그린 동화책을 읽었다. 딸이 동화책을 읽는 동안 나도 조지 카버의 위인전을 꺼내 읽었다. 그리고 그날 밤 딸과 조지 카버에 대해 인상 깊었던 점, 새롭게 알게 된 점, 조지 카버 하면 떠오르는 이미지 등에 관해 서로의 생각을 나누었다. 특히, 아이에게 "왜 조지 카버는 그 많은 재산을 모두 다 사회에 기부하는 결정을 했을까?", "만약 당시에 노예제도가 폐지되지 않았더라면 노예의 아들로 태어난 조지 카버가 농업대학에 들어가서 땅콩 연구를 계속할 수 있었을까?"와 같이 아이가 다양한 생각을 해 볼 수 있는 질문들을 던졌다. 이처럼 딸의 독서량이 늘어가고 아빠인 나와 책 내용으로 토론하는 시간이 많아지면서 딸의 사고는 점점 확장돼 갔다. 딸은 책 속 이야기를 자기가 경험한 일들과 연관 지어 그림을 그리는가 하면, 책에서 새롭게 알게 된 것들을 용어 카드에 적어 퀴즈로 푸는 게임을 만들기도 했다.

- 김한훈 | 작가 겸 강연자

④ 서점에서 책 사기: 선택과 집중

한 달에 한 번, 아이들에게 딱 한 권의 책을 선물하는 것이 좋다. 인터넷 서점을 활용하면 더 저렴하게 살 수 있지만 아이와 함께 서점을 방문하여 책을 사는 것을 추천한다. 인터넷으로 책을 주문하여 아이에게 선물을 하면 간편하긴 하지만 아이가 책을 고르는 고민을 충분히 할 수 없고, 책을 선물받았을 때의 기쁨도 서점에 직접 가서 사는 것보다 상대적으로 적다. 한 권의 책으로 충분하다. 지나치게 많은 책을 한꺼번에 사 주면 책의 가치가 퇴색되어 아이에게 달콤한 지루함을 선물하는 것과 같다. 서점에 아이들과 함께 가서 아이들에게 책을 탐색하고 읽는 시간을 충분히 준 후 딱 한 권만 골라 오라고 한다. 그 한 권을 고르기 위해 수십 권의 책을 들추고 고민을 거듭한 아이들은 마침내 고른 책 한 권의 소중함을 안고 집으로 돌아오게 된다.

# 2.

## 책만 읽고
## 끝내지 말라!

앞서 말했듯이 책 읽기는 읽기 전과 후의 활동을 연계할 때 그 효과가 극대화된다. 일반적으로 읽기 전 활동은 책에 관한 관심과 흥미를 높여 주고, 읽기 중 활동은 지식을 확장해 주며, 읽기 후 활동은 읽은 내용을 확인하고 강화하는 가운데 지식을 구조화하여 기억 속에 오래 남도록 도와준다. 읽기 전과 후의 활동에 관해서는 이 책 6장에서 더 자세히 설명하도록 하고, 여기서는 부모가 아이와 함께 할 수 있는 읽기 연계 활동을 개략적으로 소개하겠다.

### ① 활동 함께 구성하기

책 읽기 연계 활동은 아이와 함께 계획하고 구성하도록 한다.

**초등 공부, 언어지능이 답이다**

아주 어린 아이가 아니라면 읽기 전, 읽기 중, 읽기 후 활동 중 몇 가지는 아이가 하고 싶은 활동 위주로 꾸려 주는 것이 좋다. 인간에게는 누구나 자유의지가 있다. 자신이 생각해 낸 아이디어가 눈앞에서 실현될 때 아이도 즐거움과 뿌듯함을 느낀다.

읽기 전, 책을 선정할 때 아이의 의견을 고려하여 고를 수 있다. 후보가 될 만한 책을 몇 권 늘어 놓고 아이에게 골라 보도록 하자. 왜 그 책이어야 하는지 충분한 설명을 요구하고 이해가 되지 않는 부분은 부모가 아이에게, 형제가 있다면 형제끼리 질문할 수 있도록 한다. 아이의 호기심과 궁금증, 흥미를 고려하여 책을 고르면 책에 대한 책임감이 생긴다.

책 연계 활동 프로젝트의 이름은 아이 스스로 만들 수 있도록 하는 것이 좋다. 책 한 권을 읽으며 가정 활동을 펼칠 때 활동 이름을 붙여 주는 것이다. 최대한 많은 이름을 생각하게 하고 작은 종이에 적게 한다. 가족 모두가 참여하여 1차 투표를 통해 적당한 이름을 2~4개 뽑는다. 뽑힌 이름을 쓴 사람은 그 이름의 의미에 대하여 설명하고 최종 투표를 통하여 프로젝트의 이름을 정한다. 길가의 들꽃도 이름을 붙이면 특별한 존재가 되듯 이름을 붙인 프로젝트는 소중하고 귀한 활동이 된다. 직접 이름을 붙이는 것 하나만으로 아이는 더 이상 수동적 학습 대상자가 아닌 활동을 함께 구성하는 능동적 주체자가 되어 활동 전반에 걸쳐 자기주도성을 강화할 수 있다.

② 전지에 그림 그리기

방바닥에 큰 종이를 펼쳐 놓고 아이가 자기 생각과 느낌을 마음대로 채울 수 있는 자유로움을 주는 것이다. 실제로 아이들은 깔아놓은 전지에 읽은 책과 관련된 그림을 그리거나 제목을 쓰는 것만으로도 신나 한다. 책을 읽고 활동하는 과정이 즐거운 놀이라고 생각할 수 있어야 한다. 책을 읽은 후 생각나는 느낌, 감정, 단어를 자유롭게 쓰게 하는 것도 좋다. 책을 읽기 전이나 읽은 후 전지에 마음껏 표현하는 것만으로도 아이들의 언어지능과 창의력이 향상된다. 아이들은 가득 펼쳐진 흰 종이를 자유롭게 채우며 해방감을 느낀다. 이와 더불어, 아이들이 채운 전지를 집 안 벽에 붙여서 갤러리 기능을 추가하면 듣기, 말하기를 지속할 수 있고 토론의 장으로 활용할 수도 있으므로 기대했던 학습 효과가 극대화될 수 있다.

[사진] 전지 활용하기

초등 공부, 언어지능이 답이다

### ③ 야외 활동하기

책과 관련된 야외 활동을 연계하는 것이다. 야외에서 하는 활동은 가정 활동과는 비교할 수 없을 만큼 생생하고 살아 있다. 예를 들어 아이와 함께 《푸른 사자 와니니》 책을 읽기로 했다면 먼저 동물원에 방문한다. 사자 우리에 가기 전 부모는 몇 가지 미션을 제시한다. '몇 마리의 사자가 있는지 찾아보기', '사자가 하는 행동 관찰하여 흉내 내 보기', '생김새를 살펴보고 엄마에게 설명해 주기' 등 특별 미션을 제시하고 성공하면 아이가 좋아하는 간식을 사 주도록해 보자. 아이는 사자 우리에서 눈을 떼지 못하고 엄마가 제시한 특별 미션보다 더 많은 정보를 획득하여 부모에게 전달할 것이다. 야외 활동을 통하여 이야기의 배경지식을 충분히 얻은 아이는 그렇지 못한 아이보다 《푸른 사자 와니니》 책을 깊게 이해하며 집중할 수있다.

가정에서 책을 활용하여 언어지능 발달 프로젝트를 진행한다면 책 한 권 당 최소 한 번 이상의 야외 활동을 권장한다. 가족 나들이를 계획하고 있다면 나들이 장소와 관련된 책을 찾아 미리 읽거나 다녀온 후 읽는 것도 좋은 방법이다.

# 3.
# 메타언어의 시대, 북토크와
# 독서 토론이 인재를 만든다

우리는 언어를 사물이나 바깥 환경을 일컬을 때 사용하기도 하지만, 언어 자체를 설명하기 위해서도 언어를 사용한다. '귤'이라는 단어를 모르는 아이에게 겨울에 먹는 주황색 껍질을 가진 새콤달콤한 과일이라고 설명한다면 이것이 언어를 언어로 표현하는 방법이다. 언어가 가진 이러한 특징을 메타언어(Metalanguage) 또는 메타언어적 기능이라고 한다.[19] 이경화(2001)에 따르면 메타언어는 메타인지의 한 분야로 외부로부터의 지식을 자신의 것으로 받아들이는 과정에서 스스로 점검하고 자신의 언어로 전환하는 인지능력이다.[20] 즉, 언어를 문자 그대로 받아들이는 것을 넘어서 은유 및 숨은 뜻을 파악하고 자신만의 언어로 재생산할 수 있는 능력이라고 할 수 있다.

언어의 함축적 의미, 은유적 의미, 맥락적 의미 역시 메타언어라 할 수 있다. 예컨대 시는 다양한 해석을 낳는다. 미국 대통령의 연설은 수많은 전문가의 분석을 낳는다. 이성과 주고받는 문자메시지는 다양한 상황을 그리게 한다. 툭 던지는 직장 상사의 한마디는 여러 생각을 하게 만든다. 코미디언이 하는 말장난은 말이 안 돼서 더 재미있다. 언어의 메타언어적 기능이다. 메타언어를 잘 발달시킨 사람들은 뛰어난 언어지능을 가졌을 뿐 아니라 맥락을 잘 파악하고 사람들과 좋은 관계를 형성한다.

내 아이가 똑똑하고 센스 있는 사람이 되길 바란다면 메타언어를 키우는 데 집중해 보자. 언어를 적절히 사용할 줄 아는 능력을 키워 주자. 그러려면 외부로부터의 자극을 자신의 사고 및 언어와 결합해 표현할 수 있어야 한다. 맥락을 파악할 줄 알아야 하며 부분보다 전체를 보는 능력을 갖추어야 한다. 여기서는 가정에서 아이의 메타언어를 높이는 간단하고 효과적인 방법을 살펴보도록 하겠다.

### ① 사물을 여러 가지 방식으로 표현하기

아이의 메타언어를 높이기 위해 가정에서 활용할 수 있는 가장 간단한 방법은 주변 사물을 다양하게 표현해 보는 것이다. 예를 들어, 아이와 함께 사과를 먹으며 사과의 맛을 말로 표현해 보는 것이다. 아마 이이는 '달콤하다, 시원하다, 아삭하다, 맛있다' 등의 일반적 맛 표현을 할 것이다. 그럼 다른 날 또 사과를 먹을 때, 얼마나 달콤한지, 어느 정도로 시원한지, 아삭한 것을 구체적으로 말하면 어떻게 표현할 수 있는지 아이에게 물어보며 언어 표현을 조금 더 발전시켜 보자. 아이가 처음에는 어색해할 것이다. 그러나 '맛을 색깔로 표현하기', '맛을 날씨로 표현하기', '맛을 내가 아는 사람으로 표현하기', '맛을 장난감으로 표현하기' 등 관련 없는 것들을 연결하며 구체적 표현 방법을 제시해 주면, 아이는 부모가 생각하지 못한 표현을 해낼 수 있다. 필자와 함께 일 년 동안 표현 활동을 했던 아이들은 사과를 먹고 "풍선처럼 달콤해요", "가을같이 시원하고 아삭해요", "할머니가 생각나는 맛이에요"라고 재미있게 표현했다. 비 오는 창밖 풍경을 보고 표현하기, 아빠의 수염을 만져 보고 표현하기, 가을 낙엽을 보고 표현하기 등 어떤 사물이라도 좋다. 색깔, 날씨, 사람뿐 아니라 계절, 사람의 성격, 촉감 등 여러 가지 방법을 생각해낼 수 있다. 이렇게 몇 번 하다 보면, 아이의 상상력과 창의력은 부모의 생각을 훨씬 뛰어넘게 되고 표현력은 폭발할 것이다. 아이는 그 어떤 시인보다도 감미롭고, 어떤 코미디언보다도 재미있게 사물을 표현하는 능력을 보일 것이다.

### ② 북토크: 거미줄 만들기

메타언어를 기르기 위한 또 다른 방법으로 북토크가 있다. 북토크란 책을 읽은 후 책에 대한 서로의 생각을 공유하는 것이다. 책을 읽어 본 경험이 많은 성인은 수용적 읽기를 넘어 비판적 읽기가 가능하므로 북토크 참여자들과 활발한 토의와 토론을 할 수 있다. 그러나 책에 대한 경험이 비교적 적은 아이와 함께 북토크를 하기란 생각만큼 쉽지 않을 수 있다. 책을 읽고 책에 대한 느낌을 물어보면 대부분의 아이는 그냥 "재미있었다"라고 답할 뿐이다. 아이들은 왜 "재미있었다"라고만 답할까? 이 말 외에 어떤 느낌이나 생각을 말해야 할지 모르고, 책을 읽은 후 특별히 책에 대해 생각하는 습관이 잡히지 않았기 때문이다.

그럼 이제 아이와 함께 책을 읽은 후 '거미줄 만들기'를 해 보자. 거미줄 만들기는 아이와 깊이 있는 북토크를 가능하게 하는 토대로, 아이의 사고능력을 촉진하고 언어지능을 빠르게 향상시킨다. 이와 더불어 창의성과 논리적 사고력을 높이며 메타언어 및 메타인지를 기르는 데도 큰 도움이 된다.

거미줄 만들기의 방법은 다음과 같다. 책을 읽은 후 주인공이나 책 제목 또는 책과 관련된 중요 단어를 종이 한가운데에 쓴다. 그리고 그 단어와 관련된 단어를 가지를 치며 종이에 쓴다. 충분히 시간을 갖고 되도록 많은 가지를 만들고 많은 단어를 쓰도록 격려한다. 며칠에 걸쳐서 해도 좋다. 생각날 때마다 가지를 치며 단어를 적어도 좋다. 거미줄이 어느 정도 완성이 되었다면, 가지 친 단어들끼리 연결할 수 있나 살펴본다. 단어들 사이의 관계성을 찾는 것이다. 중심 단어에서 가지를 2차 3차 뻗다 보면, 생각지두 못한 단어가 거미줄에 쓰여 있는 것을 발견할 것이다. 이제 단어끼리의 관계만 생각하며 단어를 연결해 보자. 단어끼리 정신없이 연결되어 거미줄처럼 복잡한 모양을 보이게 된다.

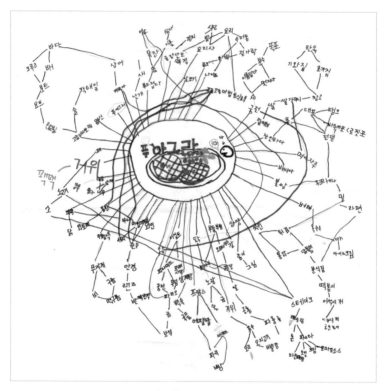

[그림] 거미줄 만들기

위의 그림은 필자의 아이가 그린 거미줄이다. 필자는 아이가 거미줄을 만드는 과정에서 아이의 생각을 파악할 수 있었고, 생각지도 못한 단어들끼리 연결을 시키는 모습도 발견할 수 있었다. 이처

초등 공부, 언어지능이 답이다

럼 거미줄 활동은 책을 읽고 책에 대하여 숙고하게 할 뿐 아니라, 책을 기존 지식과 사고, 개인의 경험과 결부시켜 준다. 거미줄이 다 완성되었다면 어떤 단어끼리 연결이 되었나 함께 살펴보자. 종이에 쓰인 단어, 연결된 선에 관하여 이야기만 해도 매우 훌륭한 북토크다. 낯선 것들을 연결하여 새로움을 탄생시켰을 때 아이는 언어의 맛을 느끼게 되며, 사고가 확장됨을 느끼게 될 것이다. 스케치북이나 종이를 활용하는 것도 좋지만 이왕이면 전지를 사용하는 것을 추천한다. 공간이 넓어야 더 많은 이야기가 나올 수 있다. 큰 공간을 가득 채우며 아이의 뇌는 활성화된다. 또, 전지는 갤러리 효과를 내므로 시간을 따로 내지 않고 벽에 붙여진 거미줄만 힐끗 보아도 자연스러운 북토크가 시작되기 때문이다.

거미줄은 북토크의 방법이지만, 책이 아니더라도 관심 있는 대상이나 단어를 활용해도 좋다. 계절이 바뀔 때 봄, 여름, 가을, 겨울을 주제로 거미줄을 만들면 언어, 과학, 사회, 미술을 연계한 통합교육을 집에서 해낸 것과 다름없다. 가족 구성원인 엄마, 아빠, 아이, 아이의 형제로 거미줄을 만들어 보는 것도 좋다. 아이의 속마음을 발견하고 가족끼리 돈독함을 더하는 좋은 가족 심리 프로그램이 될 것이다. 아이가 학교에서 배운 중요 개념을 활용하는 것도 좋다. '임진왜란' 등의 역사적 사건이나 '분수' 등의 수학적 용어도 거미줄의 좋은 소재다. 아이는 거미줄을 만들어 나가며 개념에 대한 이해를 높이고 자기주도적 학습력을 발전시킬 수 있다. 종이 한 장으로 내 아이의 언어지능뿐 아니라 메타인지 발전을 꾀할 수 있으니 안 할 이유가 없다.

### ③ 독서 토론: 등장인물 공통점과 차이점 찾기

메타언어를 높이기 위한 세 번째 방법은 독서 토론이다. 효과적인 독서 토론을 위해서는 여러 권의 책을 읽고 책을 서로 비교하며 이야기하는 것이 좋다. 주제가 비슷하거나 시대적 배경이 같은 책, 형식이 비슷하거나 등장인물에서 공통점이 보이는 책을 예로 들 수 있다. 그러나 최근에 읽은 책이나 내가 좋아하는 책처럼 별로 공통점이 보이지 않는 책을 활용하는 것도 상관없다.

예를 들어 《빨간 머리 앤》, 《해리포터》, 《소공녀》를 읽고 공통점 찾기를 해 보는 것으로 독서 토론을 시작할 수 있다. 앤, 해리, 세라는 모두 부모를 잃은 고아라는 공통점이 있다. 세 아이는 모두 사는 장소에서 어려움을 겪고 역경을 만난다. 그러나 역경을 딛고 긍정적인 태도와 자신에 대한 믿음을 바탕으로 최선을 다하여 삶을 살아간다. 앤은 특유의 밝은 성격으로 입양된 가정과 이웃에서 사랑을 받게 되고 해리는 마법사가 되며, 세라는 다락방에 살면서도 희망을 놓지 않으며 하루하루 열심히 산다.

독서 토론을 한 후엔, 아이와 함께 전지를 펴 놓고 가운데에 큰 동그라미를 그려 보자. 동그라미 안에는 읽은 책의 공통점을 찾아서 쓰고, 전지 구역을 서너 개로 나누어 각 책의 제목이나 등장인물

이름을 쓴 후 차이점을 써 본다. 이때 중요한 것은 '나'의 구역을 만드는 것이다. 책 속 인물들을 비교·대조할 때 나에 대해서도 돌아보며 책 속 인물들과 비슷한 점이 있는지, 다른 점은 무엇인지 생각해 보는 시간을 갖는 것이다. 만약 인물이 아닌 읽은 책의 시대적 배경을 놓고 공통점과 차이점을 찾고자 한다면 아이가 사는 배경도 전지에 하나의 구역을 만들어 아이가 객관적 시각을 갖고 자신이 사는 세계와 책 속 세계를 비교·대조할 수 있도록 한다.

이처럼 한 권의 책을 읽고 토론을 하는 것보다 여러 권의 책을 읽고 공통점과 차이점을 찾아가며 이야기하는 것이 아이의 메타언어를 높이는 데 효과적이다. 무엇보다 아이의 사고가 활성화되어 생각지도 못했던 책 간 공통점을 발견하며 자신만의 언어로 표현할 수 있게 된다. 또, 나 자신과 책 속 이야기를 비교하며 책을 통해 얻은 배움의 적용 가능성을 확장하고 나무만이 아닌 숲도 볼 수 있는 아이로 성장하게 된다.

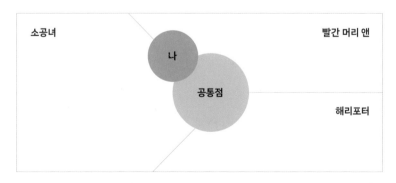

[그림] 등장인물의 공통점과 차이점 찾기

# PART 2.
# 네 가지 비밀

파헤치기

# 4장
# 첫 번째 비밀, 듣기

# 1.
# 성공하는 사람은
# 잘 듣는 사람

2014년 미국소아과학회는 '아이가 태어난 순간부터 매일 아이에게 소리 내어 책을 읽어 주라'라는 권고안을 내놓았다. 부모가 소리 내 책을 읽어 주는 것이 신생아의 언어 발달뿐만 아니라 인지 발달에도 도움이 된다는 것이다. 듣기는 아이의 언어 발달에서 가장 먼저 습득되는 기능이다. 보통 아이는 생후 1개월이면 청력을 갖추게 된다. 생후 4개월 땐 모든 언어의 음을 변별할 수 있는 능력을 갖추게 되고 12개월 정도 되면 단어의 음과 뜻도 인식할 수 있게 된다. 생후 일 년 동안 아이의 말소리 지각 능력이 놀라울 정도로 발달하는 것이다. 실제로 아이들은 말하기보다 듣기, 쓰기보다 읽기, 즉 표현언어보다 이해언어를 더 먼저 습득한다. 생후 12개월 아이들은 평균 80개의 단어를 이해하지만, 말로 표현하는 단어는 10개 내외에 불과하다. 즉 언어를 이해하는 것이 언어를 표현하는 것보다 선행하는 것이다.

그렇다면 잘 듣는 것이 아이의 인생에서 얼마나 중요한 것일까? 언어학자 윌가 리버스(Wilga M. Rivers)는 일상적인 언어 활동에서 듣기가 차지하는 비중이 45%, 말하기가 30%, 읽기가 16%, 쓰기가 9%라고 했다.[21] 듣기가 다른 언어 기능에 비하여 일상적인 특징이 강하다는 것이다. 생각해 보니 맞는 말 같다. 지난 일주일 동안의 언어 활동을 돌이켜 보자. 대부분 누군가 하는 말을 듣거나 영상 속 음성을 듣고 상황에 따라 그에 대해 말로 반응하며, 잠깐 잠깐씩 스마트폰으로 기사나 책을 읽고 이메일을 확인한 후 답장을 보내는 활동을 했을 것이다. 물론 3~6세 아이들은 다른 아이들과 놀 때조차도 혼잣말을 잘하지만, 이는 인지 발달 단계에서 나타나는 자연스러운 특징일 뿐 이 시기가 지나면 아이들도 상대방의 말을 들으며 자기 생각과 감정을 표현한다.

듣기 능력은 단순히 외부의 소리를 잘 듣는 물리적 능력이 아니다. 소리로 전달되는 메시지의 의미를 이해하는 인지적 능력이며, 나아가 그 의미를 맥락 속에서 적극적으로 파악하고 해석하는 사회언어학적 능력이다. 모든 언어 활동의 기본이 듣기이기 때문에 따로 학습하지 않아도 누구나 일정 수준의 듣기 능력을 갖출 수 있다. 하지만 인지적, 사회언어학적 능력을 키우기 위해서는 후천적인 노력과 연습이 필요하다. 이러한 듣기 노력과 연습은 가정에서 충분히 이루어져야 한다. 앞서 말한 미국소아과학회의 권고처럼, 아이가 태어난 순간부터 부모가 매일 소리 내어 책을 읽어 주면 아이의 인지 발달뿐만 아니라 사회언어학적 듣기 능력을 키우는 데도 큰 도움이 된다.

여기서 한 가지 기억해야 할 점은, 책을 활용한 듣기는 일상에서의 듣기와는 달리 전략적 듣기에 초점을 둬야 한다는 것이다. 전략적 듣기는 뚜렷한 목적을 지닌 듣기이므로 듣기의 방향에 따라 청자에게 구체적이고 다양한 효과를 기대할 수 있다. 실제로 부모가 아이에게 책을 읽어 줄 때 몇 가지의 질문을 추가하거나 듣기의 방향만 제시하여도 아이의 듣기 능력은 크게 좋아진다.

듣기 능력이 중요한 또 다른 이유는 대부분의 배움과 학습이 듣기에서 시작되기 때문이다. 우리나라 초등학교는 한 교실에 보통 열다섯 명 정도의 아이들이 함께 공부한다. 같은 교사에게 같은 수업 내용을 배우더라도 아이들은 제각기 다른 학업 성취도를 보인다. 학업 성취도에 영향을 미치는 요인은 다양하지만, 듣기 능력은 가장 중요한 요인 중 하나다. 왜냐하면 듣기는 배운 내용을 파악하고 숨은 의미를 찾아내는 학습 능력과 매우 밀접한 관계가 있기 때문이다. 그리고 듣기 능력이 떨어지면 이해력뿐만 아니라 말하기 능력도 함께 떨어지는 경향을 보인다. 상대가 하는 말을 의사소통 맥락에서 제대로 이해하고 해석하지 못하면, 그에 대해 잘못된 반응을 말로 표현하게 되기 때문이다.

## 2.
# 당신의 말투는
# 어떤가요?

아이의 듣기 능력을 키우기 위해 부모가 아이랑 말할 때는 어떤 말투를 쓰는 게 좋을까? 만 5세 미만 아이한테는 어른들끼리 대화할 때 사용하는 말보다 유아 지향적 말(Infant-Directed Speech)을 사용하는 것이 아이의 언어능력을 키우는 데 도움이 된다. 유아 지향적 말이란 성인이 유아와 이야기할 때 사용하는 특별한 말투다. 예를 들어 엄마가 아이한테 과장된 억양을 사용해 말한다든가 반복해서 말하고 발화 길이를 짧게 하며 느린 속도로 말하는 것 등을 말한다.[22] 부모가 아이에게 이러한 유아 지향적 말을 사용하게 되면, 주의와 집중, 자극과 반응 측면에서 평균적인 언어능력의 발달을 보이는 유아들에게 도움이 된다. 왜냐하면 유아들은

초등 공부, 언어지능이 답이다

말소리의 강약에 민감하게 반응하기 때문이다. 따라서 유아 지향적 말의 전반적으로 높고 과장된 음도 곡선은, 음의 높낮이 정도가 크지 않은 어른들의 말에 비해 유아의 주의를 끎으로써 화자의 말소리에 더 집중하게 만드는 효과가 있다. 또, 유아 지향적 말에서는 보통 의문형으로 말할 때 문장 마지막 단어의 억양을 올리게 되는데, 이처럼 질문이 많은 유아 지향적 말은 말소리의 높낮이 변화로 인해 유아의 청각을 더 자극하고 유아의 반응을 더 적극적으로 끌어내는 데 도움이 된다.[23] 실제로 4개월 된 유아 48명을 대상으로 성인의 표준적인 말과 유아 지향적 말을 녹음해서 들려준 실험에서, 33명의 유아가 유아 지향적 말이 나오는 스피커 쪽으로 고개를 많이 돌렸다.[24]

유아의 언어 발달은 단어를 지각하는 능력이 향상되는 것을 포함한다. 단어 학습 과정을 보면, 성인이 적은 수의 어휘를 반복적으로 사용하는 것이 유아의 단어 분절을 돕는 것을 알 수 있다. 또한, 학습에서는 정보의 제시가 반복될수록 학습률이 향상되는 반복 효과가 나타난다. 따라서 유아 지향적 말에서처럼 부모가 같은 단어를 반복해서 말한다면, 유아가 말소리의 규칙성을 찾아 단어의 경계를 지각하고 분절하며 단어를 기억하는 데 도움이 된다.

위와 같은 이유로 유아 지향적 말은 유아의 언어능력 발달에 도움이 되지만, 유아들 간에 어휘나 문법 발달의 속도 차이가 존재함을 고려해 본다면, 모든 유아에게 유아 지향적 말이 도움이 된다고 단정 지을 수는 없다. 같은 나이의 전형적인 또래들보다 단어를 조합하는 능력이라든가 문법을 이해하는 능력이 우월한 유아한테는 유아 지향적 말보다 성인의 표준적인 말을 더 많이 사용하는 것이 언어 발달에 도움이 된다.

그리고 문법 발달이 어느 정도 완성되는 만 5세부터는 유아 지향적 말만 사용하는 것보다 성인의 표준적인 말을 혼용하여 사용하는 것이 언어 발달에 긍정적이다. 예컨대, 유아들이 '~어서', '~고'와 같은 연결어미를 사용해 더욱 확대된 범위의 문장을 사용하고 구조적으로 복잡한 문장을 만들기 시작한 후에도 부모가 계속해서 의존 형태소가 빠진 유아 지향적 말을 한다면, 문법 형태소 발달 및 부정문, 수동문 등 다양한 문장 형태의 발달이 늦어질 수 있다.

한편, 부모가 아이의 듣기 능력을 키우는 활동을 할 때 말투 외에 생각해야 할 것이 더 있다. 바로 아이의 자신감을 높여 주는 말을 하는 것이다. "이 이야기를 잘 이해할 수 있을 거야", "굉장하구나!" 와 같이 격려와 칭찬으로 아이에게 긍정적인 자극을 주게 되면 아이는 자신감을 가지고 듣기 활동을 할 수 있게 되며, 이러한 자신감은 아이의 이해력 향상으로 이어진다. 한 걸음 더 나아가 아이를 인재로 키우길 원한다면, 아이에게 다음과 같은 말을 자주 들려주길 바란다. "어떻게 생각하니?", "왜 그렇게 생각하는데?", "그럴 수 있어", "괜찮아", "얼마나 힘들었니" 등과 같은 말을 부모로부터 매일매일 듣고 자란 아이는 듣기 능력뿐만 아니라, 지성과 인성, 감성이 균형

**초등 공부, 언어지능이 답이다**

을 이루며 자존감과 적응 유연성이 높은 사람으로 성장할 것이다.

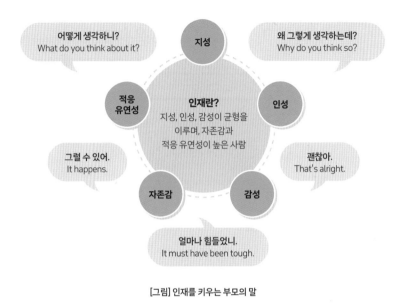

[그림] 인재를 키우는 부모의 말

# 3.
# 듣기 능력을 키우는
# 하루의 활동

이제 가정에서 부모가 아이의 듣기 능력을 키울 수 있는 활동에 대해 알아보자.

### ① 듣기 전 활동

듣기 활동을 하기 전에 아이가 듣게 될 내용과 관련한 배경지식을 자극하여 지식의 폭을 넓히고 두뇌 활동을 활성화하는 것이다. 예를 들어 아이에게 동물원 이야기를 들려주기 전에, 사자나 코끼리 그림과 사진 자료를 보여 주며 "엄마 사자와 아빠 사자는 얼굴에 난 털이 어떻게 다르지?", "코끼리는 물을 마실 때 어떻게 마실까?"와 같이 아이의 시선을 집중시킬 수 있는 질문을 하는 것이다. 또는 동물원 이야기책에 나온 내용을 이해하기 위해 꼭 알아야 하는 몇 개의 주요 어휘들을 가르쳐 주면서 들을 내용에 대한 이해도를 높이고, 아이가 앞으로 어떤 이야기를 들을지 기대하고 예측하게 함으로써 보다 적극적으로 듣기 활동에 참여하도록 동기부여하는 것이다. 아이가 어떤 내용을 들을 때 모르는 어휘나 표현이 너무 많으면 집중력이 떨어지고 흥미를 잃게 된다.[25] [26]

### ② 듣기 중 활동

듣기 활동을 할 때는 아이가 주의를 집중해 들어야 할 주요 내용이 무엇인지 미리 알려 주자. 아이가 한꺼번에 너무 많은 정보를 듣게 되면 인지 과부하가 일어나게 되고 다른 불필요한 정보들로 인해 정신이 산만해질 수도 있다. 정보 처리 이론(Information processing theory)에 따르면, 아이의 뇌는 청각이나 시각 등을 통해 들어오는 모든 정보를 기억하지 않는다. 감각기관을 통해 들어온 수많은 정보는 감각기억에 0.5~1초 정도의 매우 짧은 순간 동안 머무른 후 그 정보의 중요도에 따라 단기기억으로 옮겨지거나 사라진다. 즉, 아이가 아무리 많은 정보를 들어도 그 정보가 모두 단기기억으로 옮겨지는 것이 아니라, 몇몇 가치 있는 정보만이 단기기억으로 옮겨지는 것이다. 그리고 이렇게 옮겨 온 정보들은 단기기억에서 15~30초 정도 머무르며 이해의 과정을 거치게 된다. 이때 주의를 집중해 반복해서 되뇌는(rehearsal) 정보만이 부호화(encoding)되어 장기기억에 오랜 기간 보존되어 활용되며 그 외 나머지 정보들은 모두 사라진다.[27] 즉, 뇌에 자극이 반복되면 그 신호를 전달하는 시냅스[28] 연결은 계속 활성화되어 굵어져 영구회로가 되고, 이렇게 시냅스가 반복적으로 사용되어 시냅스 연결이 강화되면 장기기억으로 자리 잡게 되는 것이다.[29]

한편, 아이는 듣기 활동을 할 때 듣는 내용을 자기가 제대로 이해하지 못하고 있다고 느끼면 불안감을 느끼게 되고, 이 불안감으로 인해 듣는 내용을 더 이해하지 못하게 되는 악순환이 되풀이된다. 따라서 아이에게 책을 읽어 줄 때는 장편을 첫 장부터 마지막 장까지 한 시간 넘게 읽어 주기보다는 짧은 시간 내에 읽을 수 있는 단편을 읽어 주는 것이 바람직하다.

### ③ 듣기 후 활동

듣기 능력을 키우기 위해서는 아이가 들은 내용을 쓰기나 말하기와 같은 다른 언어영역과 연계해 확장할 수 있도록 하는 것이 중요하다. 예를 들어 탄자니아 세렝게티 초원에서 서식지를 이동하는 코끼리 무리 이야기를 들은 후, 무리에서 벗어난 새끼 코끼리가 앞으로 어떻게 될지 추리해서 말해 본다든가, 새끼 코끼리를 찾아 나선 엄마 코끼리의 마음을 짐작해서 글로 써 보는 것이다.

이렇게 들은 내용을 바탕으로 말하기나 쓰기 활동 등을 연계하게 되면, 아이가 얼마나 잘 듣고 이해했는지 확인할 수 있을 뿐만 아

초등 공부, 언어지능이 답이다

니라, 들은 내용과 관련한 아이의 경험을 끄집어내면서 사고를 확
장할 수 있다. 또한, 청각 정보를 뇌의 장기기억에 보존하는 데 더
효과적이다.

**우리 집 책 놀이**

# 책으로 키우는 듣기 능력

다음은 [우리 집 책 놀이]라는 이름으로 네 권의 책을 활용하여 아이의 언어지능을 키웠던 가정 프로젝트 중, 듣기 능력 향상을 위하여 계획, 실행했던 내용을 정리한 것이다.

[우리 집 책 놀이]에 활용한 네 권의 책

- 플랜더스의 개 (위다 글 ;하이럼 반즈 외 그림 ;노은정 옮김)
- 푸른 사자 와니니 (이현 글 ;오윤화 그림)
- 치약으로 백만장자 되기 (진 메릴 글 ;잔 파머 그림 ;노은정 옮김)
- 꼬들꼬들 마법의 세계 음식책 (이향안 글 ;김미정 그림)

**초등 공부, 언어지능이 답이다**

## 1. 듣기 전 활동

듣기를 시작하기 전에 몇 가지 활동을 준비하여 듣기 효과를 극대화할 수 있다. 전략적 듣기는 글의 내용 이해, 낱말 및 어휘 발견, 글의 분위기 파악, 숨겨진 의미 찾기와 사고 확장 등이 목적이므로, 목적에 맞게 듣기 전 활동을 추가 및 변형해서 해 본다.

### ① 아이 수준 고려하기

책을 읽어 주기 전 가장 먼저 고려해야 할 것은 아이의 듣기 수준이다. 아이의 흥미, 나이, 집중력 정도에 따라 부모가 읽어 주는 책에 집중할 수 있는 정도와 시간이 달라진다. 흥미를 유지하도록 하기 위해 아이가 평소에 좋아했던 책이나 좋아하는 주제의 책을 골라서 시작하는 것을 추천한다. 아이가 유치원~초등 저학년 이하라면 처음 책을 읽어 주는 시간이 15분이 넘지 않도록 하는 것이 좋다. 처음부터 중·장편의 책을 쪼개어 여러 날에 걸쳐 읽어 주는 것보다 15분 동안 끝까지 다 읽을 수 있는 단편 동화를 활용한다. 아이가 듣기의 끝마침을 경험하여 성취감을 느낄 수 있기 때문이다.

듣기 중 아이들의 행동이 산만하지 않고, 내용 확인 질문을 했을 때 비교적 정확하게 답한다면 듣는 행위에 적응이 된 것이므로 읽어 주기 시간을 조금 더 늘릴 수 있다. 그러나 초등 저학년까지는 집중력이 길지 않으므로 듣기만 하는 행위가 최대 20분을 넘지 않도록 하는 것이 좋다.

### ② 배경지식 활성화하기

듣기 전 아이의 기대감을 고조시켜 듣기에 효과적으로 집중할 수 있도록 한다. 책과 관련하여 아이들이 이미 알고 있거나 경험했던 내용을 서로 나누는 활동을 통하여 아이가 들을 책이 얼마나 흥미롭고 재미있을지 미리 상상하게 하는 것이다.

---

### 《플랜더스의 개》 듣기 전 반려동물에 관한 대화 나누기

**엄마** 얘들아, 지난번에 이모 집에 갔을 때 강아지들이랑 잘 놀았잖아? 기억나니?

**아이1** 응, 나 원래 강아지 무서웠는데 그때 희동이랑 마이콜이랑 놀아 보니까 너무 귀여웠어. 안 무섭고…. 내가 수박 주니까 너무 좋아했어. 강아지들이랑 또 놀고 싶어.

**아이2** 나도 강아지 키우고 싶어, 엄마. 내 친구들도 강아지 많이 키워.

**엄마** 이모네 강아지나 친구들이 키우는 강아지나 너희들이 본 다른 강아지들은 어떤 특징이 있는 거 같아?

**아이2** 작고 귀엽고 주인 말을 잘 듣는 거 같아. 밖에 나가는 거 좋아하고.

**아이1** 막 좋으면 혀로 핥아. 꼬리 흔들고.

**엄마** 그렇구나. 관찰 잘했네. 그럼, 사람들은 많은 동물 중 유독 왜 강아지를 많이 키울까?

**아이1** 아기같이 귀여워서? 아기를 또 낳을 수 없으니까 아기 대신 키우나?

**아이2** 강아지는 똑똑해서 사람 말을 잘 알아들으니까? 말할 사람 없으면 강아지한테 말해도 되잖아.

**엄마** 강아지는 귀엽고 똑똑해서 사람에게 아기의 역할, 친구의 역할을 해 줄 수 있구나. 이제 엄마가 강아지가 나오는 책을 하나 읽어 줄 건데 너희들이 보아 왔던 주변 강아지를 떠올리면서 들어보면 좋을 것 같아.

---

위 대화는 필자와 아이들이 《플랜더스의 개》를 읽기 전 주고받은 가

벼운 대화다. 책과 관련된 내용을 툭 던져 주기만 해도 아이들의 뇌는 활성화된다. 자유롭게 이야기를 나눈 후 듣기 활동을 하면 아이들은 머릿속에 가지고 있던 기존 지식에 새롭게 듣는 내용을 연결하거나 추가하면서 조직적 듣기가 가능해지고 내용과 관련하여 폭넓은 이해를 할 수 있게 된다. 책과 관련된 내용의 배경지식이 부족하다면 관련 영상을 미리 보는 것도 효과적이다. 예를 들어 《플랜더스의 개》를 듣기 전 <TV동물농장>을 보며 반려견에 대한 이해를 높이거나 《푸른 사자 와니니》를 듣기 전 아프리카 초원에 사는 동물에 대한 다큐멘터리 프로그램을 보며 사자의 습성을 익히는 것도 효과적인 방법이다.

### ③ 어려운 단어나 표현 미리 익히기

듣기를 할 때 생소한 단어와 표현이 너무 많으면 아이들은 듣기를 금세 포기한다. 듣기 활동 전 아이들에게 익숙하지 않은 단어를 미리 익힐 기회를 주는 것이 좋다.

《치약으로 백만장자 되기》라는 책을 예로 들어 보자. 이 책은 한 소년이 터무니없이 비싸다고 생각한 물건을 직접 만들어 싸게 팔며 소년 사업가로 성공하는 이야기를 담은 책이다. 책 내용은 매우 흥미롭고 아이들이 경제 개념을 이해하는 데 도움이 되는 책이다. 그러나 이 책에는 사업, 주식, 배당금, 대출, 이자, 임대료 등의 유·초등학교 아이들 수준에서는 이해하기 어려운 단어가 자주 등장한다. 추상적인 개념이라 부모의 설명만으로는 이해하기 쉽지 않다. 놀이를 통하여 단어 및 개념을 익히면 아이들은 쉽게 경제 용어의 의미를 이해할 수 있다. 부루마블, 캐쉬플로우 보드게임, 개미투자자 주식 보드게임 등 시중에 나와 있는 다양한 보드게임을 아이와 함께 즐겨 보자. 놀이를 통해 자연스럽게 배운 경제용어 덕분에 집중력을 잃지 않고 책을 들을 수 있다.

또는, 단어의 뜻을 아이들이 유추하게 한 후 책을 읽어 주는 것도 좋은 방법이다. 《플랜더스의 개》에는 '풍차', '방앗간', '오두막', '비탈진' 등 요즘 아이들이 잘 사용하지 않는 단어들이 자주 등장한다. 아이들에게 단어의 뜻을 유추해서 이야기해 보라고 한 후 책을 들려주면 아이들은 유추한 내용이 맞는지 틀린지 확인하고 싶어서 더 열심히 듣기에 집중한다. 이야기를 다 들은 후 처음에 유추한 단어의 뜻과 문맥을 통하여 알게 된 단어의 뜻을 비교하는 과정을 통해 언어능력이 발달될 것이다.

### 《플랜더스의 개》 듣기 전 중요 단어 유추해 보기

**풍차**

아이1 옛날에 있었던 자동차의 한 종류이다. 왠지 재미있는 모양일 것 같다.

아이2 놀이기구일 것 같다. 놀이동산에 갔을 때 풍차라고 쓰인 걸 본 것 같다.

**방앗간**

아이1 들어본 적 있다. 떡 만드는 곳일 것 같다.

아이2 가루 만드는 데다. 할머니가 떡 만들 때 방앗간에서 가루 만든다고 했다.

**오두막**

아이1 무슨 막인 것 같다.

아이2 다섯 오! 머리 두! 머리가 다섯 개 있는 곤충이나 그런 거 같다.

**비탈진**

아이1 비틀거린다.

아이2 오르막길

### ④ 삽화나 표지 그림 관찰하기

책을 듣기 전 책 표지 그림과 삽화를 보고 이야기를 상상하면 듣기 효과가 극대화될 수 있다. 어린아이들은 활자보다 책에 실린 그림에 더 큰 관심을 보인다. 때때로 어른이 보지 못하는 그림 속 섬세한 부분이나 분위기까지도 관찰하는 경우가 있다. 부모가 책을 읽어 줄 때 그림의 중요성에 대해 인지하고, 책 표지 그림이나 책 속 삽화를 아이가 충분히 탐색할 수 있도록 시간을 확보해 주어야 한다. 이야기를 듣기 전 책 표지나 삽화를 먼저 보여 주고 보이는 것을 묘사하게 하거나 어떤 이야기가 펼쳐질지 상상하여 이야기하게 하는 것은 아이의 호기심을 자극하는 매우 좋은 활동이다.

### ⑤ 제목을 보고 유추하기

표지를 보는 것과 함께 제목을 살펴보는 것도 중요한 듣기 전 전략이다. 책의 제목은 대체로 중심 내용 및 말하고자 하는 메시지를 함축적, 은유적으로 표현한 경우가 많다. 표지 그림과 제목을 같이 보고 앞으로 펼쳐질 책의 내용을 유추하게 하여 아이의 듣기 호기심을 자극할 수 있다. 특히 《우리들의 일그러진 영웅》과 같이 얼핏 모순되어 보이는 제목은 재미있는 이야깃거리가 될 수 있다. "영웅이란 무엇일까?", "영웅은 어떤 사람들을 이야기할까?" "우리가 알고 있는 영웅에는 어떤 사람들이 있을까?", "'일그러진'과 '영웅'이 어울리는 말일까?", "일그러진 영웅이라는 것이 무슨 의미일 것 같아? 일그러진 영웅은 어떤 사람들을 이야기할까?" 등의 질문을 하며 책 내용에 대해 자유로운 상상을 펼칠 수 있다. 《소리 씨앗을 심은 아이》, 《공룡은 축구를 하지 않는다》 등 은유적 표현

### 《꼬들꼬들 마법의 세계 음식책》 표지 그림 관찰

| 그림 관찰 세부 전략 | 아이들 반응 |
|---|---|
| 표지 그림을 보고 자유롭게 이야기하기 | • 음식 그림이 많다.<br>• 토마토 파스타가 먹고 싶어진다.<br>• 여러 나라 국기가 보인다.<br>• 사람들이 만화같이 생겼다. |
| 표지 그림 속 음식 중 먹어 본 음식 찾아보기 | • 파스타, 만두, 낫또는 먹어 봤고 푸아그라와 칠레스앤노가다는 못 먹어 봤다. |
| 표지 그림 속 파란색 선이 의미하는 것은 무엇일지 생각해 보기 | • 물인 것 같다.<br>• 음식이 퍼진 길 같다.<br>• 지도인 것 같다. |
| 그림 분위기를 보고 이야기 상상해보기 | • 그림이 만화처럼 웃기다. 이야기도 재미있을 것 같다. |

### 《플랜더스의 개》

| 그림 관찰 세부 전략 | 아이들 반응 |
|---|---|
| 표지 그림에서 가장 눈에 띄는 것 이야기하기 | • 아이의 옷차림이 특이하다.<br>• 개가 수레를 끌고 있어서 너무 이상하다.<br>• 아이 볼이 빨갛다.<br>• 개가 엄청나게 크다. |
| 소년과 개는 어떤 관계일지 생각해 보기 | • 친구일 것 같다. |
| 이야기의 배경이 어디일 것 같은지 이야기하기 | • 아이 얼굴이나 머리색을 보니까 우리나라는 아닌 것 같다.<br>• 시골인 것 같다. |
| 그림 분위기에 대해 자유롭게 이야기하기 | • 그림이 예쁘다.<br>• 아이 표정이 좀 슬퍼 보인다. |

[표] 표지와 그림 관찰하기 전략 예시

초등 공부, 언어지능이 답이다

의 제목은 상상할 거리가 무궁무진하므로 제목과 관련하여 이야기를 충분히 나누어 효과적 듣기가 이루어질 수 있도록 듣기 전 시간을 가져 보자.

---

**《푸른 사자 와니니》 책 제목 보고 내용 유추하기**

**엄마** 제목을 보고 생각나는 거 아무거나 말해 볼까?

**아이1** **아이2** 사자, 초원, 나니니, 니니니...

**엄마** 사자는 무슨 색이지?

**아이1** 노란색이나 황금색.

**엄마** '푸른', '사자', '와니니'는 서로 연결이 안 되는 단어 같은데 무슨 의미일까?

**아이2** 사자가 사는 곳이 푸르니까 푸른 사자?

**아이1** 와니니는 울음소리 같아.

**아이1** 아니면 사자가 혼자 색깔이 파래서 따돌림당하는 것일 수도 있어.

**아이2** 무슨 열매를 먹었는데 갑자기 몸이 파래진 거야.

<중략>

**엄마** 제목만 봐도 너무 재미있는 이야기일 것 같아. 이제 무슨 이야기일지 한번 들어 볼까?

---

### ⑥ 무엇을 들어야 하는지 정확히 알기

듣기를 하기 전 아이에게 주의 깊게 들어야 하는 부분에 대해 명확히 제시하면 더 효과적인 듣기가 이루어질 수 있다. 앞에 제시한 듣기 전 전략과 연결하거나 듣기 후 활동에 활용할 수 있는 듣기 방법을 사용한다. 아이와 이야기 나눈 것을 바탕으로 듣기 약속을 하는 것도 좋은 방법이다.

### 배경지식을 활용하며 듣기

"아프리카 사자에 대한 다큐멘터리를 보고 사냥은 거의 암컷이 하고 싸움은 수컷이 한다는 것을 배웠지? 비슷한 내용이 혹시 이 책에 나오는지 확인하며 들어 보면 어떨까?" (《푸른 사자 와니니》 듣기 전 약속)

### 생소한 단어가 책에서 어떻게 쓰이는지 생각하며 듣기

"'풍차', '방앗간', '오두막', '비탈진'이 너희들이 생각한 뜻으로 책에서 쓰이고 있는지 한번 들어 볼까?" (《플랜더스의 개》 듣기 전 약속)

### 표지 그림의 분위기를 떠올리며 듣기

"그림이 만화 같고 재미있다고 했지? 맛있어 보이는 음식들도 많이 나오고. 책에 음식과 관련된 내용이 나오는지 한번 살펴볼까?" (《꼬들꼬들 마법의 세계 음식책》 듣기 전 약속)

### 책 제목이 내용과 어떻게 연결되는지 생각해 보며 듣기

"치약으로 부자가 될 수 있을까? 치약을 어떻게 하면 큰 부자가 되는지 잘 생각해 보며 들어 보자." (《치약으로 백만장자 되기》 듣기 전 약속)

### 등장인물의 마음 생각하며 듣기

"주인공이 누구인지 잘 들어 봐. 주인공의 마음과 감정이 어떻게 변하는지 살펴보며 이야기를 들어 보자." (《푸른 사자 와니니》 듣기 전 약속)

"첫 번째 이야기는 만두에 관한 이야기인데 잘 듣고 한번 간추려 보 겠니? 줄거리를 잘 들어 보면 좋겠어." 《《꼬들꼬들 마법의 세계 음식책》 듣기 전 약속)

## 2. 듣기 중 활동

듣기 중 활동 전략으로는 크게 네 가지의 방법을 활용할 수 있다. 첫 째, 머릿속으로 그림을 그리며 듣기, 둘째, 단어에 유의하며 듣기, 셋째, 내용 이해에 초점을 맞추며 듣기, 마지막으로 사고 확장적 듣기이다.

### ① 머릿속으로 그림 그리며 듣기

머릿속으로 그림을 그리며 듣는 전략은 부모가 읽어 주는 내용을 마 치 만화나 영화처럼 상상하며 듣는 방법이다. 삽화를 보면서 듣기에 익 숙한 아이이거나 공감각적 듣기가 가능한 아이의 경우 효과적이다.

### 장면 떠올리며 듣기

"은행원 퍼켈 씨가 메이플라워 씨가 어른이 아니라 아이인 루퍼스인 것을 알고 깜짝 놀라는 장면을 머릿속으로 상상하며 이야기를 들어 보 자." 《《치약으로 백만장자 되기》 듣기 중)

### 이어질 장면 생각하며 듣기

"누는 아무것도 모른 채 휘청휘청 걷고 있었다. 마른 풀잎보다 더 야 위어서 당장 쓰러질 것 같았다... 어떤 장면이 이어질지 상상해 볼까? 다

음 장면을 영화처럼 그려 보고 이야기를 들어 보렴." (《푸른 사자 와니니》
듣기 중)

### 인물의 모습과 행동 상상하며 듣기

"제물로 바쳐지기 싫은 원우와 동찬이가 제갈공명에게 만두를 제안
하는 장면이네. 원우와 동찬이의 마음이 어땠을까? 원우와 동찬이 표정
을 상상하며 이야기를 들어 보자." (《꼬들꼬들 마법의 세계 음식책》 듣기 중)

### 표지 그림과 삽화 그림 분위기를 생각하며 듣기

"간을 지키려고 도망가는 거위 그림을 보자. 그림을 보고 느낀 점을
얘기해 볼까? 그림을 보면서 이야기를 마저 들어 보자." (《꼬들꼬들 마법의
세계 음식책》 듣기 중)

### ② 단어에 유의하며 듣기

단어에 유의하며 듣기는 아이의 단어 지각 능력을 향상하기 위한 듣
기 전략이다. 이때 들리는 단어나 어휘를 낙서하며 듣기는 매우 좋은 듣
기 활동이다. 이야기를 듣다 뜻이 궁금한 단어가 나오거나 책에서 유독
자주 사용되는 낱말이나 어휘 표현이 있으면 낙서하듯 가볍게 종이에 쓰
면서 듣기를 하는 활동으로 초등학생 이상에게 추천하는 듣기 활동이다.
듣기 전 활동에서 생소하거나 낯선 단어의 뜻을 유추해 보기를 했다면
이야기를 들으며 문맥을 통하여 파악한 그 단어의 뜻이 어떤 것인지 낙
서하듯 쓰고 듣기 후 사전 찾기 활동과도 연계하여 언어지능을 높일 수
있다.

### 자주 나오는 낱말에 유의하며 듣기

치약, 부자, 주식, 주주, 달러, 튜브… (《치약으로 백만장자 되기》 듣기 중)

### 모르는 단어 낙서하듯 쓰며 듣기

장돌뱅이, 욕지거리, 품삯, 목을 축이다, 희뿌연, 몸뚱이, 희희낙락…
(《플랜더스의 개》 듣기 중)

### 의성어/의태어에 유의하며 듣기

크하하하항! 크하하하항!/폴짝폴짝/꼴딱꼴딱/듬성듬성/탕!탕!탕!/
바락바락/우물쭈물 (《푸른 사자 와니니》 듣기 중)


### ③ 내용 이해하며 듣기

줄거리 및 내용 이해에 초점을 맞추며 듣기는 듣기 초급자부터 듣기
고급자까지 두루 활용할 수 있는 방법이다. 처음 듣기를 시작한다면, 듣
기 중 첫 번째 방법인 머릿속으로 장면을 그리며 듣기와 사건의 흐름을
이해하는 듣기를 결합할 수 있다. 상상한 장면과 글의 내용을 결합하여
간단히 그림을 그리거나 중요 단어 및 사건의 핵심을 낙서하며 들을 수
있다. 이때 중요한 것은 정성스레 그림을 그리거나 글을 쓸 필요가 전혀
없다는 것이다. 듣기를 다 끝낸 후 기억을 지속시키는 방편으로 그림 또
는 낙서를 활용하는 것이기 때문이다.

### 내용 간추리며 듣기

"오늘 책에 나오는 여러 가지 음식의 유래를 아주 간단하게 한 단어 정

도로 써 보면서 들어 보면 어떨까? 예를 들어 지난번에 들려준 오징어와 문어 이야기 기억나니? 게르만족 사람들은 오징어와 문어가 괴물이라고 생각해서 안 먹었잖아? '오징어', '문어', '괴물' 이런 식으로 아주 간단하게 간추리며 듣는 거지. 할 수 있겠니?" 《《꼬들꼬들 마법의 세계 음식책》 듣기 중)

### 일이 일어난 차례에 맞게 듣기

"말라이카는 언제 마디바 무리에서 쫓겨난 것일까? 와니니가 쫓겨나자마자? 아니면 최근일까? 사건이 언제 일어났는지 생각해 보며 이야기를 들어 보자." 《《푸른 사자 와니니》 듣기 중)

### 인물의 성격 짐작하며 듣기 (대화, 행동, 묘사)

"오늘은 헥터 아저씨에게 집중하며 들어 볼까? 이번 챕터는 헥터 아저씨에 관한 이야기가 많이 나오는데 아저씨가 하는 행동이나 대화를 보고 헥터 아저씨는 어떤 성격을 가진 사람인지 생각해 보자." 《《치약으로 백만장자 되기》 듣기 중)

### ④ 사고 확장적 듣기

배경지식을 활성화하여 듣기를 촉진하는 것에서 한 걸음 더 나아가 아이의 현실 세계와 책 속 세계를 연결할 수 있다. 책 속 인물이 아이가 살아가는 현실 세상 어딘가에 살고 있다면 어떨 것 같은지, 아이가 책 속 등장인물이라면 어떻게 행동할 것 같은지 듣는 중에 부모와 아이가 함께 이야기해 보는 활동이다. 또는 질문거리를 생각하며 듣기를 할 수 있는데 듣기 초급자에게는 조금 어려운 활동이므로 듣기가 잘 훈련된 초등학교 3학년 이상에게 추천한다. 듣는 동시에 내용을 이해할 수 있고 중심 내용을 파악하여 현실 세계와 연결할 수 있을 정도의 듣기 능력을 갖춘 아이에게 질문할 내용을 생각하며 듣기를 약속하는 것이다. 듣기 후 활동으로 아이가 질문한 내용을 서로 토의하며 연결할 수 있다.

### 내가 경험한 것과 관련시키며 듣기

"만약에 넬로가 지금 한국에 살고 있다면 책 속 모습과 똑같을까? 다르다면 어떻게 다를 것 같니? 너희들을 비롯한 한국 학생들의 모습을 떠올리며 넬로의 이야기를 들어 볼래? 비교해 보면 좋을 것 같아."(《플랜더스의 개》 듣기 중)

### 질문하며 듣기

"오늘은 책을 들으면서 엄마랑 더 이야기하고 싶은 것이 있는지 생각해 보자. 책과 관련된 내용 중 모호한 점이나 다른 사람의 생각이 궁금한 점을 찾아보는 거야."

### 3. 듣기 후 활동

듣기 후 활동 전략은 기억을 오래 보존시키고 들은 내용에서 의미를 찾아 언어지능을 높이는 데에 그 목적이 있다. 듣기 후 활동은 두 가지의 특징을 가지고 있다. 첫째, 듣기 전, 듣기 중 전략과 연결성을 갖추고 있어야 한다는 것이다. 둘째, 놀이 형식이어야 한다는 것이다. 듣기는 투입의 형태이나 듣기 후 활동은 발산적 형태다. 즉, 전략을 세워 듣기를 수행했다면 들은 것을 말하기, 쓰기, 그리기, 만들기, 몸으로 표현하기, 책과 관련된 내용 찾기 등 여러 가지 발산적 형태로 확인하는 시간을 가질 수 있다. 한 가지의 독립적 활동으로 구성할 수도 있고 여러 가지의 활동을 결합할 수도 있다. 예를 들어 인물의 성격에 유의하며 들은 후 파악한 등장인물의 성격을 말하고, 등장인물의 얼굴을 상상하여 그린 후, 등장인물에게 하고 싶은 말을 쪽지에 간단히 써서 붙이는 활동을 생각할 수 있다. 이것은 말하기, 그리기, 쓰기가 결합한 통합활동이다. 또, 듣기 전 낯선 단어의 뜻을 미리 유추하여 생각해 보고, 듣기 중에 문맥을 생각하며 단어의 뜻을 낙서하듯 써 볼 수 있다. 듣기가 끝나면 사전을 활용하여 정확한 뜻을 찾아보는 활동을 한다. 새롭게 알게 된 단어를 활용하여 짧은 문장을 짓거나 이야기를 만들어 보는 활동까지 하면 관련 내용 찾기와 쓰기가 통합된 활동이 될 수 있다. 등장인물이 가진 고유의 특징을 파악하고 등장인물을 흉내 내 보기는 말하기와 몸으로 표현하기 활동과 연계된다. 듣기 중 질문을 생각하여 질문거리에 대한 생각을 나누고 글로 정리하면 좋은 토의 및 토론 연습이 될 뿐 아니라 논리력을 향상하는 쓰기의 방법이 될 수 있다.

### ① 듣기 후 말하기, 그리기, 쓰기, 읽기

듣기 후 가장 쉽고 재미있게 할 수 있는 활동은 등장인물의 특징을 떠올리며 그림을 그려 보는 것이다. 그 사람을 나타내는 사물, 표정, 배경이나 그 인물의 얼굴을 떠올리며 간단히 그려 본다. 그림을 잘 그리는 것이 목적이 아니라 그 인물을 대표할 수 있는 하나의 사물 또는 하나의 표정으로 표현하는 것이 중요하므로 들은 내용 및 등장인물에 대한 정확한 파악이 선행되어야 한다. 여기까지만 해도 매우 훌륭한 듣기 후 활동이다. 활동을 좀 더 발전시키고 싶다면 등장인물에게 하고 싶은 말, 배운 점이나 감동받은 점, 충고하고 싶은 점 등을 그림 옆에 쓰거나 쪽지에 써서 그림에 붙인다. 그림과 쪽지를 집 벽에 붙여 갤러리 효과를 낸다.

### (1) 등장인물의 성격 이야기하기

- 넬로 할아버지는 가난하지만 의롭다.
- 넬로는 정직하고 착하다.
- 파트라슈의 전 주인은 술주정뱅이다.
- 방앗간 주인은 부자이지만 이웃을 돕지 않는다.

### (2) 성격 및 특징을 생각하며 등장인물과 관련된 그림 그려 보기

### (3) 등장인물에게 해 주고 싶은 말 생각해 보기

- 넬로 할아버지에게
  "할아버지는 나라를 위해 싸웠으니 복을 받을 거예요."
  "할아버지, 집이 가난한데 왜 큰돈을 벌 수 있는 일을 안 했어요?"

- 넬로에게
  "넬로야, 너는 참 착한 아이야. 왜냐하면 바깥양반은 너를
   싫어했는데 바깥양반이 잃어버린 이천 프랑을 찾아주었잖아."
  "넬로야, 너는 살아 있다면 정직하고 훌륭한 사람이 되었을 거야."

- 파트라슈 전 주인에게
  "술 마시고 개를 보살피지 않을 거면 개를 키우지 마세요!"

- 방앗간 주인에게
  "가난한 넬로에게 누명을 씌우지 마세요."
  "당신은 돈이 많으니 다른 사람을 도와야 해."

### (4) 쪽지에 써서 붙이기

### (5) 쪽지 함께 읽어 보기

[표] 《플랜더스의 개》 듣기 후 활동: 등장인물의 특징을 그림으로 표현하고 하고 싶은 말 써 보기

## ② 듣기 후 유추한 단어의 뜻 찾아보기, 단어를 사용하여 글짓기

듣기 전 활동에서 언급한 것처럼 부모가 책을 읽어 주기 전 아이들에게 생소할 것 같은 단어 서너 개를 골라 아이들과 그 뜻 유추하기를 하면 아이들의 듣기 집중력이 높아지는 것을 확인할 수 있다. 처음에 생각했던 단어의 뜻과 책 내용을 들으면서 문맥상 이해하게 되는 단어의 뜻은 같을 수도 있고, 다를 수도 있다. 문맥상 이해했을지라도 책을 읽은 후 사전을 활용하여 단어의 뜻을 정확히 파악하는 것이 좋다. 알게 된 단어의 뜻을 모두 종이에 쓸 필요는 없으나 몇 개라도 써 보면 아이는 그 단어를 완벽하게 익히게 된다. 읽기 전, 읽기 중, 읽기 후 3단계에 걸쳐 단어를 공부한 셈이나 마찬가지기 때문이다. 덧붙여, 새롭게 알게 된 단어를 활용하여 문장을 만들어 보는 놀이를 해 보자. 전지 한 장을 펼쳐 놓고 상단에 새로 알게 된 단어를 크게 나열한다. 식구들마다 돌아가며 그중 하나의 단어를 사용하여 문장을 만든다. 한 사람이 문장을 만들면, 다음 사람이 또 문장을 만드는 릴레이 쓰기를 하는 것이다. 모두 다 한자리에 모여 할 필요는 없다. 벽에 붙여 놓고 지나가다 한 줄씩 덧붙이는 것이 더 재미있다. 단어를 다 사용할 때까지 문장이 이어지면 꽤 긴 글이 완성되고 가족 식사 시간이나 주말을 활용하여 같이 읽으면 의외로 재미있는 가족 활동이 되기도 한다.

**유추하기-뜻 찾기-문장 만들기-글로 연결하기**

(1) 듣기 전 낱말의 뜻 유추하기

(2) 듣기 중 문맥을 통하여 낱말의 뜻 파악하기

(3) 들으면서 처음 듣는 단어나 뜻을 정확히 몰랐던 낱말을 찾아보기

(4) 낱말의 뜻을 사전을 활용하여 찾아보기

(5) 낱말을 넣어 문장 만들기

(6) 엄마-아이1-아이2 번갈아 가며 문장을 만들어 이어지는 글 만들기

- (3)에서 찾은 단어를 문장에 최소 1개 이상 넣기
- 앞 문장과 이어지는 문장을 만들기
- 전체적으로 글을 읽었을 때, 마치 한 사람이 쓴 것처럼 이야기의 개연성을 생각하며 문장 쓰기

(7) 다 쓴 문장과 글을 읽어 보며 새로 익힌 낱말에 동그라미 치기

나는 마을 한 변두리를 걷고 있었다. 그런데 너무 힘들어서 어떤 낡은 농가에 몸을 의지했다. 그 농가 안에는 공허하고 비탈진 터널이 한 개 있었다. 그 터널을 따라서 걸어가니 밋밋하고 푹신한 침대가 나왔다. 그 침대 아래에는 또 다른 문이 있었고 침대 위에는 아주 작은 키 한 개가 놓여 있었다. 키를 들고 문을 열자 비탈길이 나와 들어갔더니 이정표가 빛났다.

(중략)

### ③ 등장인물 흉내 내기

아이들이 생각하는 놀이는 어른이 생각하는 놀이와는 조금 다르다. 아이들은 직접 활동을 구상하고, 활동하고, 활동 결과물을 주위 사람들과 나눌 때 놀이라고 생각한다. 등장인물 흉내 내기는 놀이 형식을 띤 대

표적 듣기 후 활동인데 등장인물의 모습을 상상하며 들었을 때, 등장인물의 성격을 짐작하며 들었을 때 활용하기 좋다. 듣기를 끝낸 후 바로 하는 것도 좋지만 듣기 후 인물의 성격과 특징에 대하여 간단히 이야기를 나눈 후 일상에서 활용해도 좋다. 예를 들어 《치약으로 백만장자 되기》에서 주인공 루퍼스는 수학을 굉장히 잘해서 계산을 놀랍도록 정확히 빨리한다. 일상에서 루퍼스의 성격을 활용하여 연산 문제집을 풀고 있는 아이에게 '루퍼스 놀이'를 해 보자고 제안할 수 있을 것이다. 평소에 지겨웠던 연산도 루퍼스가 된다면 재미있게 끝낼 수 있을 것이다.

또, 《푸른 사자 와니니》의 주인공인 와니니는 다른 사자에 비해 귀가 굉장히 밝아서 아무도 듣지 못하는 소리까지 잘 들을 수 있는데, 듣기 후 활동으로, 와니니가 되어 3분간 침묵하고 소리에 집중해 보는 놀이를 해 보는 것도 좋다. 침묵하는 3분간 그동안 못 들었던 새로운 소리를 들을 수 있다. 누가 더 다양한 소리를 들었는지 시합해 보는 것도 재미있다. 만약 아이가 여럿이라면 역할을 하나씩 맡아 간단하게 역할 놀이를 하는 것도 추천한다. 역할 놀이에 필요한 도구는 직접 만들거나 집안 소품을 활용할 수 있도록 해 준다. 역할 놀이를 완벽하게 잘할 필요는 없다. 책을 듣고 내용을 재해석하여 자발적으로 놀이를 즐기는 것에 의의를 두는 것이 좋다.

### ④ 질문으로 하브루타 실천하기
질문하기는 내용 이해에 초점을 맞추어 듣기 전략을 짰을 때도 효과적이지만 아이의 사고를 확장하고 싶을 때 활용할 수 있는 듣기 후 전략이기도 하다. 듣기는 자칫 수동적 활동이 될 수 있으므로 듣기 중 적극적 듣기를 가능하게 하기 위해서는 질문하기를 활용한 비판적 듣기 전략을 사용해 보자. 책을 들으면서 어떤 질문을 할 것인지 생각하면 아이는 배경지식과 가치관에 기초하여 사고를 활성화하며 이야기를 듣는다. 처음엔 간단한 내용 확인 질문을 퀴즈 형식으로 만드는 것이 대부분일 것이다. 그러나 활동을 거듭할수록 아이들은 좋은 질문이 무엇인지 스스로 발견한다. 좋은 질문은 첫째, 바로 대답하기 힘들고 충분히 생각한 뒤 대답해야 하는 질문, 둘째, 의견이 여러 가지로 갈릴 수 있는 질문, 셋째, 우리 경험이나 생활과 관련지어 생각할 수 있는 질문이다. 부모가 몇 가지의 질문을 시범으로 보여 주는 것도 좋다. 예컨대, 《흥부와 놀부》를 들으며 아이는 '왜 흥부는 계속 가난하지? 일을 더 열심히 할 수는 없었을까?', '왜 놀부는 부자임에도 욕심을 더 내서 제비 다리를 부러뜨리지?', '흥부처럼 착하면 나도 제비의 선물을 받을 수 있을까?' 등 질문거리를 생각하며 듣기를 하는 것이다. 질문을 만들고 끝내는 것이 아니라 질문에 대한 답을 하고 그 답에 관한 질문을 또 하며 추론 능력을 발전시켜 보자. 아이가 만든 질문을 침대 머리맡이나 식탁 위에 붙여 놓자. 일주일 내내 가족과 함께 질문에 관한 토론을 해 보자. 토론의 형식을 갖추지 않아도 좋다. 자기 전, 식사 중에 질문에 대한 생각을 나누며 서로 교감하는 대화를 만들어 나가 보자. 유대인들의 하브루타를 가정에서 실천하는 방법이다. 가족 카페, 가족 밴드 등 소셜미디어를 활용하여 질문을 올리고 댓글로 서로의 생각을 나누는 것도 좋은 방법이다. 활발한 토론 후 주고받은 의견을 정리하여 글로 표현하면 논술 학원에 가지 않아도 제대로 된 논리적 글쓰기를 할 수 있는 아이로 자라나게 된다.

**(1) 질문 만들기 : 붙임 쪽지 한 장에 질문 하나씩 써서 전지에 붙이기**

와니니가 '미친 사자'라고 불린 이유는 무엇일까?

마디바 무리와 와니니 무리 중 어느 무리에 들어가고 싶은가?

무트와 세 아들, 마디바 무리가 싸우면 누가 이길까?

말라이카가 다쳤을 때 버리는 게 옳은가?

마디바 할머니는 좋은 리더일까?

**(2) 질문에 대한 답을 생각해 보기**

**(3) 질문을 가족밴드에 올리고 질문에 대한 답을 써 보기 - 재질문하기 - 다시 답하기**

《푸른 사자 와니니》

와니니가 동물들에게 '미친 사자'라고 불린 이유는 무엇일까?

 **박윤우**
사자같이 행동하지 않아서 (8월 20일 오후 8:51)

 **황윤정**
사자같이 행동하는 게 뭐야? (8월 20일 오후 8:56)

 **박윤우**
사자는 물을 싫어한다 (8월 20일 오후 9:08)

 **박윤우**
그리고 사자는 혼자 살지 못한다. (8월 20일 오후 9:55)

 **황윤정**
아아 혼자 살지 못하는데 와니니는 혼자 다녀서? (8월 20일 오후 9:56)

 **박윤우**
응 (8월 20일 오후 9:56)

**박윤우**
그래서 다른 동물들이(새, 원숭이, 개, 곰) 와니니를 이상한 사자라고 생각했다. (8월 20일 오후 9:59)

**박우현**
너무 마르고 물에 비친 자기를 보고 자기인지 몰라서 (8월 23일 오전 10:14)

**황윤정**
와니니가 '미친 사자'라고 불리는 게 맞다고 생각해? 와니니는 미친 사자였을까? (8월 28일 오후 4:54)

**박윤우**
아니 (8월 28일 오후 10:12)

**황윤정**
왜 아니라고 생각하는지 이유를 써 줘. (8월 28일 오후 10:19)

**박윤우**
왜냐하면 미쳤다고 놀리는 것은 맞지 않기 때문이다. (8월 28일 오후 10:21)

**황윤정**
@박윤우 왜 미쳤다고 놀리는 게 맞지 않아? (8월 28일 오후 10:22)

**박윤우**
와니니가 무리랑 다니지 않아서 놀리는 거니까 (8월 28일 오후 10:27)

**박윤우**
새가 와니니를 좀 더 잘 이해하면 좋을 것이다. (8월 28일 오후 10:27)

**(4) 질문에 대한 자기 생각을 글로 써 보기**

[표]《푸른 사자 와니니》질문으로 하브루타 실천하기

# 5장
# 두 번째 비밀,
# 말하기

# 1.
# 누구나 말 잘하는 사람이
# 될 수 있어요

말을 잘하는 것은 듣는 사람과 분위기를 고려하여 적절한 어휘 사용으로 자기 생각을 분명하게 표현할 수 있는 것을 말한다. 듣기, 읽기, 쓰기에 비하여 말하기는 일상생활에서 가장 쉽게 드러나는 언어능력이어서 사람들은 말 잘하는 사람을 동경하고 부러워하기도 한다. 대부분은 그 능력이 선천적인 것 또는 타고난 재주라고 여겨 말하기를 연습해 보려는 노력조차 하지 않지만, 사실 말하기 능력은 듣기, 읽기, 쓰기 능력과 마찬가지로 후천적으로 충분히 발전시킬 수 있다.

그런데 여기서 중요한 점이 있다. 말하기는 가정 언어 환경에 영향을 크게 받고, 한번 굳어진 언어 습관은 성인이 되어서도 바꾸기가 쉽지 않다는 것이다. 그러므로 어린 시절부터 바른 언어 습관을 형성하고 말하기 능력을 계발할 수 있도록 부모가 도와주어야 한다. 말을 잘하기 위해서는 먼저 듣기 능력이 갖추어져야 한다. 아무리 유창해도 상대가 없이 혼자 하고 싶은 말만 떠드는 것은 결코 말을 잘하는 사람이 아니다. 말을 할 때는 반드시 듣는 사람을 고려해서 말을 해야 한다. 잘 듣는 아이, 말을 잘하는 아이로 키우기 위해서는 부모가 먼저 아이의 말에 마음을 다해 귀 기울이는 모습을 보여 주어야 한다. 내 이야기를 집중하여 듣는 모습을 보며 아이 또한 다른 사람의 말에 집중하는 법을 배우게 된다.

아이가 말이 많다고 말을 잘하는 것은 아니다. 말이 빠른 것도 마찬가지다. 말을 잘한다는 것은 자기가 전달하고자 하는 메시지를 상대방에게 정확하면서도 적절하게 전달할 수 있는 언어기술이 있다는 것을 의미한다. 여기서 언어기술이란 언어 사용의 문법적 기술과 전략적 기술을 말한다. 문법적 기술은 말하기 상황에서 정확한 발음과 억양, 적절한 어휘와 문장을 사용해 유창하게 말할 수 있는 능력이고, 전략적 기술은 말을 하다가 어떤 어휘나 문장, 표현을 써야 할지 생각이 안 나는 난처한 상황이나 자기 생각을 좀 더 잘 표현하고 싶을 때 의식적으로나 의도적으로 사용하는 언어기술을 말한다. 예를 들어 갑자기 어떤 단어가 떠오르지 않을 때 이를 쉬운 말로 바꿔 표현한다든가, 상대방에게 "이걸 뭐라고 말하면 좋을까요?"와 같이 질문함으로써 상대방에게 도움을 요청하는 언어적 기술이다. 또는 무슨 말을 해야 할지 잘 생각이 안 날 때 뭔가 잘 모르겠다는 표정이나 몸짓으로 현재 자신의 상황을 상대방에게 전달하는 비언어적인 기술이기도 하다.[30]

비언어적 기술과 관련하여 미국의 심리학자 앨버트 메라비언(Albert Mehrabian)은 '사람을 만났을 때 상대방에게 영향을 주는 요소 중 언어적인 요소는 7%에 불과하고 비언어적 요소인 청각 요소와 시각 요소가 93%를 차지한다'라고 하였다. 즉 의사소통 과정에서 언어뿐만 아니라 말하는 사람의 태도, 행동이 중요하다는 것이다. 결국 말하기 능력을 키운다는 것은 자기 생각이나 느낌, 정보 등을 표현할 때 언어적인 요소뿐만 아니라, 목소리 톤이나 몸짓, 표정과 같은 비언어적인 기술을 적절히 잘 활용할 수 있는 능력까지 기르는 것을 의미한다.

또한, 말을 잘한다는 것은 말을 통해 상대방과 긍정적이고 우호적인 관계를 유지하고 증진할 수 있는 대인관계 능력이 있다는 것을 말한다. 앞서 언어지능이 대인관계의 형성과 발전에 영향을 미친다고 언급했는데, 부연해서 설명하자면 언어 기능 가운데 말하기는 듣기나 쓰기와 같은 기능보다 대인관계에 미치는 영향이 훨씬 더 크다. 부모가 무심코 던진 사소한 말 한마디로 아이와 감정의 골이 깊어지는가 하면, 부모의 따뜻한 말 한마디가 아이의 인생을 바꿔 놓기도 한다. 그리고 말은 글과 달리 순간적으로 소멸하는 특성이 있어서 한번 내뱉은 말은 주워 담을 수도 없다.

이처럼 말이 대인관계에 미치는 영향이 크지만, 반대로 대인관계가 말하기 효과에 미치는 영향 또한 무시할 수 없다. 아무리 좋은 메시지를 말로 표현하더라도 상대방이 나에 대해 적대적이거나 부정적인 감정이 있다면, 어떤 말이건 좋게 받아들여지지 않는다. 반면 친밀한 관계에서는 수용하기 어려운 메시지도 긍정적으로 받아들이려고 노력한다.

그러므로 우리 아이가 말을 잘하는 아이로, 대인관계가 좋은 아이로 성장하길 원한다면 무엇보다 상대방의 처지에서 먼저 생각하고 배려할 줄 아는 공감능력을 지닌 아이가 되도록 양육해야 한다. 공감은 그리스어 'empatheia'에서 유래했다. 여기서 접두사 'em-'은 '~안에'(in)라는 의미가 있으며, '파토스pathos'는 '고통', '비애감', '열정'을 의미한다. 즉, 공감은 '다른 사람의 고통 속으로 들어간다'라는 뜻이다. 공감능력이 높은 아이가 공동체 의식을 지닌 성숙한 민주 시민으로 성장할 수 있는 것이다.[31]

## 2.

# 질문만 잘해도
# 말 잘하는 사람

말을 잘한다는 것은 질문을 잘한다는 것이다. 질문이 왜 중요할까? 질문은 스스로 생각하는 힘을 길러 주고 사고를 확장하기 때문이다. 질문을 잘하는 아이들은 대개 호기심이 많다. 호기심은 모르는 것을 알고 싶어 하는 마음이다. 이 마음이 아이들에게 질문을 하게 만들고 아이들의 사고를 확장하며 창의적으로 답을 찾아가게끔 만든다. 호기심으로 질문이 많았던 위인 가운데 떠오르는 인물이 한 명 있다. 바로 발명왕 토머스 에디슨이다. 에디슨은 어렸을 때부터 엉뚱한 질문과 행동을 일삼아 초등학교 때 선생님에게 무시받으며 퇴학당했다. 하지만 그런 아들을 어머니만큼은 다르게 바라봤다. "에디슨, 너는 호기심이 무척 많은 아이란다. 그

호기심 덕분에 너는 훌륭한 발명가가 될 수 있을 거란다." 에디슨의 어머니는 아들에게 용기를 북돋아 주며 가정에서 직접 에디슨을 가르쳤다. 만약 당시에 에디슨의 어머니가 "아휴, 내가 너 때문에 못 살아! 넌 왜 이렇게 답답한 말만 해서 속을 뒤집어 놓니?"라며 화를 냈다면, 우리는 '발명왕 에디슨'이란 말을 역사에서 들을 수 없었을 것이다.[32]

우리 아이가 질문을 잘하는 아이가 되길 원한다면, 아이의 호기심을 긍정적으로 바라보는 것에서 멈추지 말고 호기심을 자극하는 촉진자가 되어 보자. 아이의 호기심을 자극하는 가장 좋은 방법 역시 질문이다. "왜 그럴까?", "왜 그렇게 생각하는데?"와 같이 아이 스스로 답을 찾아갈 수 있도록 생각거리를 던지는 질문을 하는 것이다. 부모가 직접 옳고 그름을 판단해서 조언하지 말고 되도록 아이의 생각과 의견을 듣는 데 초점을 맞추는 것이다. 그리고 질문을 던진 다음엔 아이가 생각을 정리할 수 있도록 침묵의 시간을 갖는 것이 좋다. 만약 아이가 질문에 대한 답을 찾지 못해 어려워한다면, 부모는 아이가 질문의 핵심에 접근할 수 있도록 힌트를 줄 수 있다. 그렇다고 부모가 생각하는 답을 끌어내기 위해 유도 질문 하는 것은 바람직하지 않다. 질문과 관련한 이슈에 대해 부모가 자기 경험을 아이와 자연스럽게 나누는 것이 좋다.

말하기 능력에서 질문이 중요한 또 다른 이유는 아이들이 질문을 통해 상대방의 말에 귀를 기울이고 상대방을 존중하며 말하는 방법을 배울 수 있기 때문이다. 실제로 일상적인 언어 활동에서 듣지 않고 혼자 말하는 경우는 별로 없다. 질문도 마찬가지다. 누군가로부터 무언가를 듣고 나서 질문하는 경우가 대부분이다. 미국 CNN의 간판 토크쇼 '래리 킹 라이브'를 25년 동안 진행했던 래리 킹은 질문 비법 가운데 하나로 상대방의 말을 잘 듣는 것을 꼽는다. 상대방의 말을 잘 듣기 때문에 질문을 더 잘할 수 있었다고 한다.[33] 래리 킹처럼 우리 아이가 질문을 잘하길 원한다면, 상대방을 존중하며 경청하는 법을 먼저 가르치자.

유대인의 전통적인 토론 교육법으로 유명한 '하브루타'도 바로 질문에 질문을 거듭하고 상대방의 의견을 존중하며 논쟁하는 가운데 답을 찾아가는 교육이다. 하브루타 교육 전문가인 노우리는 그녀가 쓴 《하브루타 스피치》에서 "유대인 부모는 자녀가 끊임없이 생각하게 한다. 그들은 자녀들에게 질문하는 것을 교육 방법으로 선택했다. 질문하고 대답하고 그 대답에 다시 질문하기를 반복한다. 하브루타 스피치를 잘하기 위해서는 무엇보다 진심이 담겨야 한다. 이는 상대방의 이야기를 주의 깊게 듣겠다는 마음가짐으로부터 시작한다"라고 하였다.[34]

우리 아이를 말 잘하는 아이로, 질문하는 아이로 키우길 원한다면 상대방을 존중하며 질문하는 습관이 아이의 몸에 배도록 도와주자. 부모가 매일매일 사소한 일 하나에도 아이에게 "어떻게 생각하니?" 혹은 "왜 그렇게 생각하는데?"와 같이 아이의 생각을 존중하며 물어볼 때, 아이는 부모로부터 질문하는 법을 자연스레 배워 가게 될 것이다.

초등 공부, 언어지능이 답이다

# 3.
# 사회성 좋은 아이로
# 키우고 싶다면?

언어지능이 높은 아이들의 특징 중 하나는 사회성이 뛰어나다는 것이다. 그리고 이 사회성의 바탕이 되는 언어기술이 바로 화용적 능력이다. 화용적 능력은 의사소통 상황에서 대화하는 상대의 나이나 자기와 친한 정도, 사회적 관계 등을 고려해 상황에 맞게 친근한 표현, 공손한 표현, 높임말을 쓰는 등 적절한 표현을 선택해 말할 수 있는 능력을 말한다. 즉, 사회문화적인 맥락에 맞춰 자기 생각과 감정, 정보 등을 상대방에게 잘 표현할 수 있는 능력이 바로 화용적 능력이다. 예컨대 아이가 물을 먹고 싶을 때 또래 아이에게 "물 좀 줘!"라고 말하는 것은 부적절한 언어 행위가 아니지만, 처음 만난 어른한테 이런 지시적인 형태로 말을 하는 것은 적절치 못한 발화 행위이며 화용적 능력이 떨어지는 것이다. "물 좀 주세요" 또는 "물을 마시고 싶어요"처럼 서술문 형태나 "물은 어디서 마실 수 있을까요?"처럼 의문문 형태로 상대에 따라 적절한 언어 형태를 사용할 수 있을 때 화용적 능력이 있다고 볼 수 있다.[35]

화용적 능력은 대인관계에 미치는 영향이 앞서 말한 문법적 기술이나 전략적 기술보다 훨씬 크다. 대화하는 과정에서 맥락에 맞게 자신의 생각과 느낌을 전달하지 못하면 말하는 의도가 제대로 전달되지 못할 뿐만 아니라, 듣는 사람의 감정을 상하게 할 수 있고 오해를 불러일으키기도 한다. 특히 우리나라처럼 체면을 중시하는 문화가 강한 사회에서는 더더욱 그렇다. 예를 들어 요청이나 거절과 같은 언어 행위를 할 때 공손하지 못한 표현으로 상대방의 체면을 손상한다면, 말 그대로 '말'로 인해 인간관계가 깨지기도 한다. 그러므로 가정에서 아이가 화용 지식을 충분히 배우고 화용적 능력을 갖출 수 있도록 교육하는 것이 아이의 사회성 발달 면에서도 매우 중요하다.

그럼 어떻게 가정에서 화용적 능력을 키울 수 있을까? 공손 표현 교육을 예로 들어보자. 우선 우리말의 높임법 체계와 대화 상대가 누구인지에 따라 높임의 정도와 표현이 달라짐을 구체적인 예를 들어 교육한다. 또 일상에서 사용되는 다양한 공손 표현의 의미를 알려 주는 것이다. 그런 다음 아이가 무언가를 질문하거나 요청, 주장, 거절하는 상황에서 실제로 사용한 표현을 공손 표현으로 바꾸어 말해 보는 활동을 부모와 함께하는 것이다. 아이와 함께 책을 읽으면서 등장인물의 표현을 공손 표현으로 바꾸어 보거나, 역할극을 하면서 아이 스스로 공손 표현을 느끼게 하는 것도 좋은 방법이다.[36]

실제로 화용적 능력이 뛰어난 아이들은 그렇지 않은 아이들보다 대인관계가 좋다. 자기 말을 듣는 사람이 누구냐에 따라 그 상황에 적합한 언어를 구사할 수 있는 언어지능이 높기 때문이다. 보통 아이들은 처음에는 자기의 언어적 의도를 한 가지 방법으로만 표현하지만, 화용적 지식이 쌓여 감에 따라 점점 다양한 언어적 방법으로 자기의 의도를 표현할 수 있게 된다. 이러한 화용적 능력이 발달하기 위해선 어떤 상황에서는 어떤 형태의 언어를 사용하는 게 적절한지 판단할 수 있어야 한다. 그러므로 아이가 상황에 맞춰 다양한 언어 형태를 구사할 수 있는 화용적 능력을 키워 주는 것은 아이의 언어지능뿐만 아니라 사회성을 키우는 데도 큰 도움이 된다.

그런데 부모가 가정에서 말하기 교육을 할 때 꼭 기억해야 할 것이 있다. 아이는 아직 말하기 능력을 충분히 갖춘 상태가 아니기에, 말하는 과정에서 수많은 오류를 범하게 된다. 이때 부모는 이런 현상을 자연스러운 언어 학습 과정으로 받아들이고, 발화 오류에 대해 적절한 피드백을 주어야 한다. 직접적으로 아이의 오류를 지적하고 올바른 형태로 바로 고쳐 주는 것보다는 아이 스스로 자기 말의 오류를 인식하고 스스로 수정할 수 있도록 간접적인 방식으로 피드백하는 것이 바람직하다. 예를 들어 아이한테 "다시 한 번 말해 볼까?"라는 식으로 아이의 말에 오류가 있음을 암시하는 것이다.

## 21.
# 생활 속에서
# 말하기 능력 키우기

　　말하기는 일종의 습관이다. 가정에서 배우고 익힌 말하기 습관은 말하기 능력에 큰 영향을 미친다. 일상에서 아이와 나누는 이야기를 통하여 아이의 말하기 습관을 바로잡고 말하기 능력을 향상해 보자. 부모와 함께 할 수 있는 말하기 활동으로는 하교 후 학교에서 있었던 일 한 가지 이야기하기, 한 사람씩 돌아가며 말하기, 이동 중 차 안에서 문장 기차놀이 하기 등이 있다.


　① 하교 후 5분 말하기

　　아이가 학교에서 있었던 일 중 하나를 엄마나 아빠에게 이야기해 주는 것이다. 집에 오자마자 학원에 가기 바쁜 아이들이지만 5분이라도 부모와 마주 앉아 학교에서 있었던 일을 하나씩 이야기하는 것이 습관이 되면, 말하기 능력뿐만 아니라 부모와의 정서적 유대감도 돈독해진다.

말하기에 익숙하지 않은 아이라면 학교에서 아무 일도 없었다고 말하거나 "재미있었어요"와 같이 단답식으로 이야기를 끝내려 할 것이다. 그럴 때는 부모가 말할 거리를 살짝 제시해 줌으로써 아이의 말하기를 유도할 수 있다. 예를 들면, '오늘 급식에 나온 음식 설명해 주기', '오늘 제일 기억에 남는 수업 내용 엄마에게 가르쳐 주기', '쉬는 시간마다 내가 했던 일 기억해서 말해 주기' 등 구체적으로 말할 거리를 제시해 주는 것이다. 이렇게 하면 처음엔 한 문장으로 대화를 끝내던 아이가 몇 달 후엔 재잘재잘 수다쟁이가 되어 있을지도 모른다.

### ② 한 사람씩 돌아가며 말하기

주말 중 한 끼는 가족이 모두 모여 밥 먹는 시간으로 정한다. 식사하며 혹은 식사를 마친 후 각자에게 한 주 동안 있었던 일을 돌아가며 발표하는 시간을 가져 보자. 고작 두세 명뿐인 가족 앞이라도 아이는 긴장하며 무엇을 말해야 하나 진지하게 고민한다. 이때 가장 중요한 것은 부모의 태도다. 아이가 이미 가족들이 다 알고 있는 사실에 관해 이야기한다 해도 성의 없이 듣거나 중간에 말을 가로채고 아는 체를 해서는 안 된다. 필자의 아이는 주말 점심 돌아가며

**초등 공부, 언어지능이 답이다**

말하기 때 수영 수업 다녀온 이야기를 풀어냈다.

"이번 주 금요일에 처음으로 수영을 시작했어. 처음에 좀 무서웠는데 물놀이하는 것 같고 너무 재미있었어. 발차기 연습부터 하고 물에서 걷는 것도 했어. 등에 거북이 메고 앞으로 나가는 것도 했는데 숨 쉬는 게 어려웠어. 내가 잠수하는 거 좋아한다니까 선생님이 잠수를 시켜 주셔서 마지막에 정말 재미있었어. 근데 수영을 갔다 오니까 너무 피곤해서 정말 졸렸어."

필자는 아이의 수영 수업에 대하여 이미 잘 알고 있었다. 그러나 마치 처음 듣는 것처럼 아이의 말에 귀 기울이고 반응했다. 다녀와서 너무 피곤하고 졸리니 다음 주에는 어떻게 하면 좋을 것 같은지 아이에게 묻고 함께 방법을 찾아갔다.

돌아가며 말하기에서는 한 사람의 이야기가 끝나면 가족끼리 자유롭게 묻고 답하며 서로를 더 알아가는 시간을 만드는 것도 좋다. 여기서 꼭 기억할 것이 있다. 돌아가며 말하기에서는 아이만 발표하는 것이 아니다. 부모도 아이에게 똑같이 한 주 동안 있었던 일 중 하나를 골라 발표해야 한다. 직장에서 있었던 일, 새로 산 물건에 대한 후기, 감사하거나 고마웠던 일, 최근 방문했던 곳 등, 취미 모임이나 스터디에 참석해 돌아가며 발표하는 것처럼 진지하게 임해야 한다. 아이는 부모가 이야기하는 내용을 들으며 자연스레 어른들이 사용하는 어휘, 말하기 태도, 발표 기법을 배우기 때문이다.

### ③ 문장 기차놀이

보통 부모들은 아이를 차에 태우고 운전할 때 음악을 듣거나 목적지에 도착한 후 해야 할 일을 생각한다. 아이도 차에서 부모랑 이야기하기보다 혼자 휴대폰 게임을 즐기는 경우가 많다. 이렇게 차 안에서 그저 흘려보내기 쉬운 시간에 아이의 창의력뿐만 아니라 언어지능도 높일 수 있는 문장 기차놀이를 해 보자. 그 방법은 다음과 같다. 우선 각자 떠오르는 낱말을 하나씩 제시한다. 그다음 서로 돌아가며 문장을 하나씩 만든다. 이때 제시한 낱말을 최소 한 번은 사용해 문장을 만든다. 그리고 앞 사람이 만든 문장과 매끄럽게 연결되는 문장을 만들어, 목적지에 도착할 때까지 이어지는 이야기를 만들어 가는 것이다.

아래 예는 엄마와 두 아이가 15분 동안 차를 타고 이동하며 즐긴 문장 기차놀이다. 아이 한 명은 최근 탱크, 총 등 무기에 관심이 많아 제시어를 '탱크'로 정하였다. 다른 아이 한 명은 다니고 있는 학원의 이름인 '황소'를 기차놀이 낱말로 제시했다. 엄마는 조금 전 간식으로 먹은 '군고구마'를 떠올렸다. 세 명이 돌아가며 문장을 만들자 다소 엉뚱한 이야기가 만들어졌지만, 문장 기차놀이를 반복할수록 아이들은 문장을 만드는 것에 대한 두려움과 막막함을 떨치고 언어 자신감을 획득하게 된다. 앞 사람이 만든 문장을 잘 들어야 매끄럽게 연결되는 문장을 만들 수 있다는 사실을 깨달으며 글의 연결성의 중요함을 알아차리게 된다. 목적지에 도착했다고 해서 굳이 이야기를 급하게 마무리 짓지 않아도 된다. 다음 이동 시 문장을 더 이어서 긴 이야기를 만들 수도 있고, 제시어를 추가하여 새로운 이야기를 만들 수도 있다.

---

### 문장 기차놀이 예시

- **엄마** 오래전에 황소라는 별명을 가진 아이가 살았어.
- **아이1** 황소는 머리가 아주 크고 힘이 너무 세서 사람들에게 놀림을 받았어.
- **아이2** 어느 날 황소는 집 기둥에 머리를 부딪쳤는데 집이 무너져 버렸어.
- **엄마** 황소는 자기가 힘이 센 것은 알았지만 집까지 무너뜨린 걸 보고 울어 버렸어.
- **아이1** 마을 사람들은 황소가 집을 무너뜨린 것을 보고 황소가 아주 위험하다고 생각했어.
- **아이2** 그래서 탱크를 앞세워 황소를 공격하러 오기 시작했어.
- **엄마** 황소는 머리로 땅굴을 파서 사람들로부터 피해 있기로 했어.
- **아이1** 우선 탱크가 지나가고 공격이 멈출 때까지 땅속에 숨어 있기로 했지.
- **아이2** 하지만 먹을 것이 없고 너무 배가 고팠어.
- **엄마** 그때 근처에 고구마가 많다는 것을 발견했어.
- **아이1** 황소는 군고구마가 먹고 싶었지만 구우면 들킬까 봐 날고구마로 배를 채웠어.
- **아이2** 황소가 먹은 고구마는 그 마을 시장 밭에 있는 거였어.
- **엄마** 고구마가 자꾸 없어지는 걸 본 시장은 황소가 땅 아래 숨어 있다는 사실을 눈치를 챘지.
- **아이1** 시장은 혼자 땅굴을 판 황소의 힘을 이용할 수 있다고 생각했지.
- **아이2** 시장은 황소에 대한 공격을 멈출 것을 지시했어.
- **엄마** 대신 황소를 시의 경비병으로 임명해서 시를 지켜 달라고 했어.
- **아이1** 그러나 황소는 미끼라 생각하여 땅굴을 더 깊이 파고 숨어 버렸지.

목적지 도착

---

이렇게 문장 기차놀이를 하다 보면, 아이들은 자기도 모르는 사이에 주어와 술어의 연결이 매끄러운지, 제시어가 적절하게 사용이 되었는지, 이야기 흐름이 자연스러운지 확인하려 한다. 말 잘하는 아이는 언어지능만 높은 것이 아니라 듣는 사람과의 상호작용에 능하다. 생활 속에서 놀이를 통하여 말하기를 실천하고, 부모와의 상호작용을 통해 언어지능을 높이는 것이 내 아이를 말 잘하는 아이로 키우는 가장 좋은 방법임을 기억하자.

# 책으로 키우는 말하기 능력

책은 듣기와 말하기를 연습할 수 있는 가장 좋은 매개체다. 앞서 4장에서 설명한 것처럼 아이에게 책을 들려주고 전략적 듣기를 경험하게 함으로써 말하기의 필수 조건인 듣기 능력을 강화할 수 있다. 말하기는 여러 형태로 나누어 생각할 수 있는데 일상적 대화에서의 말하기, 지식을 전달하는 목적의 말하기, 경험에 기초한 자유로운 생각 말하기, 의견을 나누고 합의하기 위한 말하기, 발표식 말하기 등이다. 물론 이러한 형태의 말하기가 일상에서 칼같이 구분되는 것은 아니다. 처한 상황에 따라 여러 종류의 말하기가 동시에 요구되기도 하고 전달 내용이 같을지라도 듣는 사람, 상황에 따라 말하기 형태가 달라지기도 한다. 책을 통하여 아이의 말하기 능력을 높이고자 할 때는 위와 같은 말하기의 여러 가지 형태를 고려하여 질문하기, 간추려 말하기, 의견 나누기, 발표하기를 활용한다. 이 책에서 소개하는 각 기법의 말하기는 다음과 같이 비교적 쉬운 말하기에서 수준이 있는 말하기로 발전하기 때문에 제시된 활동을 차례로 활용하는 것을 추천한다.

짧은 말하기 → 길게 말하기

느낌 표현하기 → 경험에 비추어 생각 표현하기

사실 전달하기 → 근거가 있는 의견 주장하기

## 1. 질문하기

책을 통한 말하기 활동의 핵심은 질문이다. '질문에 답하기'와 '질문하기' 두 활동 모두 말하기의 형태를 띤다. 질문에 답하기 위해서는 질문의 핵심을 파악해야 하고, 질문에 대한 자기 생각을 정리할 수 있어야 하며, 정리한 내용을 언어라는 도구를 통해 발화할 수 있어야 한다. 질문을 하기 위해서는 책의 줄거리, 등장인물, 배경, 토론거리를 인지하고 있어야 하며 책을 통해 얻은 지식과 기존의 경험, 배경지식 그리고 호기심을 통합하여 질문의 형태로 변형할 수 있어야 한다. 책은 독자에게 질문거리를 수없이 던져 주므로 읽기 전, 읽기 중, 읽기 후 연계 활동에서 다양하게 말하기 활동을 해 보자.

질문은 정답이 있는 질문과 열린 질문으로 구분할 수 있다. 정답이 있는 질문은 주로 들려준 책의 내용을 확인할 때나 낱말과 어휘의 뜻을 물을 때 사용할 수 있다. 즉 말하기 중 문법적 기술에 초점을 둔 활동이다. 열린 질문은 정답이 정해지지 않은 질문이다. 아이는 경험 및 배경지식, 상상력, 창의력에 바탕을 두고 자유롭게 질문에 답할 수 있다. 주로 책을 읽기 전과 책을 읽은 후 연계 활동으로 열린 질문이 활용될 수 있다. 열린 질문에 대한 답은 토의 및 토론 주제로 발전될 수 있고, 꼬리에 꼬리를 무는 또 다른 질문을 가져오기도 한다.

### ① 정답이 있는 질문하기

알고 있는 지식이나 정보를 사실에 근거하여 정확하게 전달하는 데에 목적을 둔 말하기다. 관찰한 것을 묘사하기, 파악한 책 내용을 설명하기, 새로운 낱말이나 단어 뜻 확인하기에 활용할 수 있다. [우리 집 책 놀이]에서 실시한 정답이 있는 질문을 활용한 말하기 능력 키우기 활동을 예로 들어 보자.

### 관찰한 것을 말하기

책을 읽기 전 책의 표지나 책 속 삽화를 보고 관찰한 것을 최대한 자세히 묘사하는 활동이다. 부모는 아이가 충분한 시간을 갖고 최대한 자세히 관찰을 할 수 있도록 해 준다. 관찰력을 키울 수 있는 활동일 뿐만 아니라 앞으로 펼쳐질 책의 내용을 예상해 볼 수도 있고 관찰한 것을 말로 묘사함으로써 말하기 능력을 향상할 수 있다.

[우리 집 책 놀이]에서 사용되었던 네 권의 책 중 하나인 《치약으로 백만장자 되기》를 예로 들어 보자. 책을 읽어 주기 전 아이에게 그림을 최대한 자세히 보고 찾을 수 있는 모든 정보를 찾아보자는 미션을 제시한다. 최소한 2분 이상 표지 그림을 관찰할 것을 약속한다. 초등학생 이하 아이들이 그림 하나를 2분 동안 관찰하는 것은 상당한 집중력을 요구하는 일이지만 최대한 자세히 보고, 최대한 많은 것을 묘사해야 하는 미션 수행 놀이로 아이의 흥미를 끌어낸다. 관찰하기와 묘사하기에 익숙하지 않은 아이라면 처음에는 "사람이 세 명 있는데 두 명은 남자고 한 명은 여자야"처럼 단순한 설명으로 끝내는 경우가 대부분이다. 그럴 때 부모가 방향을 제시하여 아이가 관찰해야 할 부분에 대한 힌트를 줄 수 있다. "세 사람은 어떤 색의 옷을 입고 있어? 무엇을 하고 있지? 세 사람의 공통점과 차이점은 무엇이 있는 것 같아? 왼쪽, 오른쪽, 위, 아래 골고루 살펴볼까?" 아이는 몇 번의 관찰과 묘사 활동을 거쳐 "세 사람이 있는데

두 사람은 남자고 얼굴이 까매. 한 사람은 여자고 얼굴이 하얘. 머리 색깔은 갈색이야. 가운데 있는 남자는 파란색 옷을 입고 앞치마를 하고 있는데 주머니에 삼각자랑 수첩을 끼워 놨어. 팔을 벌리고 앞을 보고 있는데 왼손에는 노란색 종이를 잡고 있어. 그리고 테이블에 빨간색 그릇이랑 노란 가루가 보이고 쇠로 만든 통이랑 나무 주걱 같은 게 보여"처럼 훨씬 자세한 묘사를 할 수 있게 된다. 관찰한 것을 묘사하는 활동이 익숙해지면 묘사의 원칙을 스스로 세워 끊김 없이 말할 수 있도록 독려한다. 그림을 시계 방향으로 묘사하거나 가장 앞에 있는 그림부터 뒤에 있는 그림으로 설명하는 원칙, 또는 전체적인 분위기를 먼저 이야기한 후 세세한 부분을 서술하는 원칙, 색을 묘사한 후 형태를 설명하는 원칙이 그 예다. 하나의 그림을 여러 가지 묘사 방법을 활용하여 여러 번 이야기하면 전에 보지 못했던 새로운 부분까지 관찰할 수 있게 되어 아이의 관찰력과 말하기 능력이 동시에 향상되는 것을 발견하게 된다.

### 질문에 답하기

아이에게 책을 읽어 주다 보면 아이가 줄거리를 잘 따라오고 있는지 궁금할 때가 있다. 내용 확인 질문과 답하기는 아이의 책 이해 정도를 부모에게 알려 주는 단순하지만 의미 있는 말하기 훈련이다. 내용 확인 질문에 답할 때 아이들은 자기의 경험에 관한 이야기만 하거나 자기의 느낌대로 중구난방 대답할 수가 있다. 부모가 예상하지 못한 방향, 즉 샛길로 새며 엉뚱한 대답을 할 수 있으나 부모는 충분히 듣고 아이의 이야기에 반응해 주어야 한다. 아이가 논리적으로 설명할 수 있는 말하기 능력이 길러질 때까지 말하기 자신감을 심어 주는 것이 중요하기 때문이다.

아이가 반복적으로 엉뚱한 이야기를 한다면 아이의 말을 축약하여 되돌리는 작업을 통해 아이가 스스로 이상적 말하기란 무엇인지를 깨달을 수 있도록 해 주어야 한다.

예를 들어 [우리 집 책 놀이]에서 활용했던 책《치약으로 백만장자 되기》에서는 주인공인 꼬마 사업가 루퍼스의 친구 케이트가 루퍼스의 사업을 돕기 위해 치약 짜는 기계 기술자 헥터 아저씨를 만나 동업을 제안하는 장면이 나온다. '자전거를 타고 집으로 오면서 나는 쿠야호가 거리 29번지를 찾아갔던 게 잘한 짓이었는지 아닌지 헷갈렸어. 혹시나 헥터 아저씨에게 헛된 희망을 심어 준 건 아닌지 걱정이 되기도 했지.' 이 장면을 읽고 아이들에게 읽어 준 문장의 의미를 해석하여 설명해 보라고 해 보자. "루퍼스에게 선물로 주는 거니까 좋은 건데 루퍼스에게 아직 물어보지 않아서…. 루퍼스가 선물을 맘에 안 들어 할 수도 있으니까", "안 되는 일을 된다고 해서" 등의 대답을 할 수 있다. 이 경우 아이들의 이야기를 충분히 들은 후 부모는 "케이트는 루퍼스를 돕기 위하여 치약 짜는 기계와 기술자를 찾았는데, 아직 아무것도 확실하지 않은 상태에서 헥터 아저씨에게 동업을 제안한 것이 너무 성급하다고 생각했기 때문이라는 얘기구나"라고 바꾸어 말할 수 있다. 아이는 부모의 되돌림 답변을 점차 모방하며 자연스레 말하기 능력을 키우게 된다.

### ② 열린 질문하기

정답이 있는 질문에 답하기와 달리 열린 질문은 자기의 생각을 자유롭게 드러내어 표현하는 말하기 기법이다. 정답이 있는 질문은 기본적으로 사실에 근거하여 정확하게 내용을 전달하는 데 목적을 두지만 열린 질문은 생각을 창의적으로 표현하는 데 초점을 둔다. 그러나 '자유롭다'가 '아무거나, 아무렇게나'라는 의미는 결코 아니다. 상상력과 창의력에 한계를 두지 않지만, 생각의 논리성과 표현의 연결성을 간과해서는 안 된다. 즉 생각 근육 키우기가 우선이 되어야 한다. 생각 근육을 키우기 위해서는 충분히 생각하며 이유를 찾아야 한다. 아이는 반드시 '왜냐하면 ~'의 중요성을 알아야 한다. 이유가 불분명한 생각은 논리성이 없다. 논리성이 부족한 생각을 말로 표현하면 표현의 연결성이 떨어져 설득력이 부족해지고 청자의 관심을 얻을 수 없다.

### 내 생각 표현하기

한계를 두지 않고 자유롭게 생각을 표현하여 말하는 기법이다. 책을 읽기 전, 중, 후 모든 과정에서 다양하게 활용할 수 있다. 아이의 경험과 배경지식을 활성화하여 다양하고 창의적인 표현을 할 수 있도록 격려한다. 아이가 평소에 사용하지 않는 새로운 어휘를 이용하여 표현하거나 자기의 경험과 책 내용을 연결하여 이야기하면, 크게 칭찬하여 말하기 의욕을 고취시켜 주자. 말하고자 하는 내용에 '왜?'라는 의문을 스스로 갖고 답을 찾아가는 생각 근육 강화 훈련을 부모와 아이가 함께 해 나가면 창의력에 논리력까지 더해져 말 잘하는 사람의 소양을 갖출 수 있게 된다.

### 제목을 보고 떠오르는 것 이야기하기/기억에 남는 장면 말하기

책을 읽기 전에는 책의 표지나 제목을 보고 자유롭게 이야기하는 시간을 가지며 내 생각 표현하기 기법을 활용할 수 있다. 필자는 두 아이와 함께 첫 번째 책《플랜더스의 개》를 읽기 전, 제목을 보고 내용을 유추하는 활동을 하였다. "제목을 보고 이 책에 누가 나올 것 같은지, 어떤 내용일 것 같은지 상상해서 이야기해 볼까?"라는 가벼운 질문으로 아이들의 생각을 끌어냈다. 책을 들려주는 중에는 책에서 가장 기억에 남는 장면이 무엇인지 이야기해 보는 활동을 하였는데 이때 왜 그 장면이 인상 깊은지 꼭 설명할 것을 당부했다. 한 아이는 '넬로가 갑자기 사라져 파트라슈가 넬로를 찾으러 다니다 성당에서 넬로를 발견했을 때가 가장 인상 깊었다'고 했다. 왜냐하면 '넬로는 파트라슈의 가장 친한 친구이자 주인이니까 다시 만났을 때 파트라슈가 매우 반갑고 기뻤을 것 같아서' 그 부분을 읽을 때 자신도 덩달아 기분이 좋아졌다고 이야기했다. 다른 아이는 '성당에 바람이 불어와 천에 가려져 있던 루벤스의 작품이 드러나 마침내 넬로가 그림을 볼 수 있었을 때가 가장 기억에 남는다'고 했다. 그 이유로는 '주인공 넬로가 오랫동안 꼭 보고 싶어 하던 그림이었는데 결국은 볼 수 있게 되어 너무 행복했을 것 같아서'라고 답하였다.

아이들에게 생각하는 습관을 강조하지 않으면 대부분 아이는 기억에 남는 장면을 짧게 묘사한 후 기억에 남는 이유에 대해 "그냥"이라고 답한다. 말하기 전에 질문이 무엇인지, 왜 나는 그 장면을 생각했는지 미리 생각할 것을 당부하자. 만약 아이가 떠올린 것을 단답식으로 말한다면 "왜 그렇게 생각하는지 엄마는 굉장히 궁금해"라는 말을 던져 주고 아이가 충분히 생각하여 말할 때까지 기다려 주자.

### ③ 낱말 확인 질문하기
평소에 잘 사용하지 않는 낯선 단어가 책에 나오면 아이들은 문맥을 통해 뜻을 유추하거나 사전을 참고하여 정확한 의미를 익힌다. 책 읽기가 끝난 후 연계 활동 '선생님 놀이'를 활용하여 낱말의 뜻을 말로 설명하는 활동을 해 보자. 아이에게 몇 개의 낱말을 예를 들어 설명하는 놀이를 해 보자고 제안하는 것이다. 엄마나 아빠, 또는 다른 형제가 학생이 될 수 있다. 필요하다면 작은 화이트보드와 보드마커도 준비해 아이가 진짜 선생님이 된 것처럼 말하기 시간을 즐길 수 있도록 한다. 다음은 [우리 집 책 놀이] 중 아이가 《푸른 사자 와니니》와 《치약으로 백만장자 되기》에서 알게 된 새로운 낱말을 엄마와 다른 형제에게 설명한 것이다.

- **주눅이 들다**: 소심한 성격과 비슷한 건데 다른 사람 앞에서 고개를 숙이며 부하같이 구는 것을 말함. "학원에서 영어 말하기 대회를 하는데 나는 준비를 너무 안 해서 다른 애들이 발표하는 걸 보고 주눅이 들어 버렸어."
- **배은망덕**: 은혜를 원수로 갚는 사람을 말함. "짝이 지우개를 빌려 달라고 해서 빌려 줬는데 걔가 내 지우개를 잃어버리고 갚지도 않으면 배은망덕한 거야."
- **인종차별주의자**: 피부색이 다르거나 나와 같은 종족이 아닌 사람을 무시하는 것을 말함. "백인이랑 흑인이 있어. 백인은 흑인을 얼굴이 까맣다고 무시해. 그래서 흑인이 말을 걸면 '너처럼 얼굴이 까만 애가 왜 나한테 말을 걸어?' 라고 답하는 거야."
- **백만장자**: 엄청나게 돈이 많은 사람. "토니 스타크는 백만장자라서 아이언맨 슈트를 만들 수 있었어."

## 2. 간추려 말하기

### ① 형님 놀이

듣기 전략과 연계하여 들려준 내용을 간추려 말하기도 활용할 수 있는 좋은 전략이다. 처음부터 끝까지 책 내용을 축약하여 말하기를 할 수 있다. 비교적 긴 중·장편 책을 여러 날에 걸쳐 읽어 주었다면 바로 전날 읽은 부분을 간추려 말한 후 듣기 활동 또는 읽기 활동으로 넘어갈 수 있다. 내용을 간추릴 때는 이야기의 배경, 등장인물, 주요 사건이 잘 드러나게 말해야 하고 긴 글의 핵심 내용을 짧은 문장 몇 개로 표현해야 하므로 상당히 높은 언어능력이 필요하다. 따라서, "집중력이 부족한 어린 동생에게 네가 읽은 것을 이야기해 준다고 가정하고 간추리기를 해 보자"라고 '형님 놀이'를 제안하며 시작하는 것을 추천한다. 처음부터 형식에 얽매일 필요는 없다. 아이가 지금까지 읽은 내용을 잘 기억하고 말로 표현한다면 크게 칭찬을 해 주자.

[우리 집 책 놀이] 중《꼬들꼬들 마법의 세계 음식책》은 하나의 큰 흐름을 가지고 있는 책이지만 여섯 가지의 음식으로 장이 나누어져 있다. 음식별로 나누어 책을 읽어 준 후 각 장의 내용을 간추려 말하기를 해 보면 효과적 말하기 훈련이 된다. 다음은 [우리 집 책 놀이] 활동 중 아이가 파스타의 유래를 간추려 말한 내용이다.

"어떤 얘기냐면, 그날 얘네 둘이 점심을 못 먹어서 라면을 끓여 먹다가 면이 어디서 생겨나는지 궁금해졌어. 그래서 마법책에 면이라고 썼더니, 영국이었나 프랑스였나 어디로 갔어. 거기서 토토 아저씨를 만나는데, 그 아저씨는 원래 밀가루를 파는 상인인데 밀가루를 실으면 밀가루가 가는 도중에 다 썩어서 속상했대. 그러다가 면을 말리면 오랫동안 두어도 썩지 않는다는 걸 알게 돼서 면을 말린 다음에 요리를 해 봤더니 맛있었대. 그래서 파스타가 탄생했대."

중심 내용을 비교적 잘 간추려 이야기했으나 등장인물과 배경에 대한 설명이 불분명하고 목적어가 빠진 문장이 눈에 띈다. 이럴 경우 간추려 말하기가 끝나면 부모가 "'얘네'는 누구를 말하는 거야?", "영국이었는지, 프랑스였는지, 아니면 다른 나라였는지 너무 궁금해", "토토 아저씨가 밀가루를 어디에 실었어?" 등의 질문을 하여 부족한 부분에 대한 보충 설명을 끌어낼 수 있다. 물론 다그치듯 물으면 절대 안 된다. 호기심에 가득 찬 어린 동생이 되어 이야기꾼 형님이 된 아이에게 질문을 하여 아이의 의기양양한 말하기 태도를 끌어내야 한다.

### ② 강점 찾기 놀이

《푸른 사자 와니니》로 [우리 집 책 놀이]를 할 때 아이들과 엄마는 주인공인 와니니만이 가진 강점을 함께 찾아보았다. 4장 듣기에서도 이야기했듯이 와니니는 다른 사자에 비하여 소리를 아주 잘 듣는 능력을 갖춰서 듣기 연계 활동으로 아이들은 조용히 소리에 집중에 보는 시간을 가졌다. 듣기와 연계하여 '와니니 놀이'를 '강점 찾기' 말하기 활동으로 전개할 수 있다. 소리를 잘 듣는 와니니처럼, 아이들의 주변 인물들의 강점을 찾아보는 놀이다. '시장에 가면~' 말놀이를 활용하여 릴레이처럼 강점 말하기 활동을 즐기는 것이다. 이 활동에는 세 가지 의의가 있다. 첫째, 책 속 인물의 특징을 책 밖으로 가져와서 적용한다는 점이다. 둘째, 짧은 시간 동안 집중력 있게 주변인들에 대하여 의미 있게 생각할 수 있다는 점이다. 셋째, 말하기가 익숙하지 않은 아이의 경우 놀이의 형식을 빌려 리듬을 살린 반복적 말하기를 연습할 수 있으므로 발화 자체에 큰 의미를 둘 수 있다는 점이다. "내 친구 윤우는 힘이 세고~, 힘이 세고 책을 잘 읽고~, 힘이 세고 책을 잘 읽고 규칙을 잘 지키고…. 내 친구 우현이는 달리기 잘하고, 달리기 잘하고 밥을 잘 먹고, 달리기 잘하고 밥을 잘 먹고 그림 잘 그리고…. 친할아버지는 사진을 잘 찍고~ 사진을 잘 찍고 그림을 잘 그리고~ 사진을 잘 찍고 그림을 잘 그리고 글을 잘 쓰시고…." 부모와 아이들이 함께 '시장에 가면' 형식을 빌려 가족 구성원, 아이들의 친구들, 이웃들의 강점을 찾는 활동을 이어 나가며 말하기 능력을 향상해 보자.

### 3. 의견 나누기

의견 나누기는 생각에 논리적 근거를 더한 설명적·설득적 말하기다. 생각 표현하기 활동을 거듭하며 어느 정도 말하기에 익숙해진 아이는 의견 나누기를 경험하며 조금 더 단단한 생각 근육을 만들어 나간다. 이 형태의 말하기는 책을 선정하는 과정에서 아이들 의견 묻기로 가볍게 시작할 수 있다. 아이들의 수준을 고려하여 부모가 몇 권의 책을 먼저 고른 후 아이들에게 어떤 책을 읽고 놀이하기를 원하는지 물어보도록 하자. 이때 중요한 것은 각자에게 책을 탐색할 시간을 충분히 준 후 왜 그 책을 골랐는지, 왜 우리가 이 책을 함께 읽으며 활동해야 하는지 설명하는 시간을 갖는 것이다.

[우리 집 책 놀이] 네 번째 책인《꼬들꼬들 마법의 세계 음식책》은 이러한 과정을 거쳐 선택된 책이다. 아이들에게《주병국 주방장》,《법을 아는 어린이가 리더가 된다》,《꼴뚜기》,《나의 라임 오렌지 나무》,《꼬

들꼬들 마법의 세계 음식책》 중 한 권을 골라 보라고 하자 한 아이는 《꼴뚜기》, 다른 아이는 《꼬들꼬들 마법의 세계 음식책》을 골랐다. 《꼴뚜기》를 고른 아이는 "제목이 너무 웃겨서 책 내용이 굉장히 재미있을 것같아. 책 표지를 보면 꼴뚜기가 맨 앞에서 걸어가고 뒤에 아이들이 따라가는데 사람이 된 꼴뚜기에 관한 이야기일 것 같아. 사자와 개가 나오는 책을 읽었으니 이번에는 바다에 사는 꼴뚜기가 나오는 책을 읽어야 할차례야"라고 주장했다. 《꼬들꼬들 마법의 세계 음식책》을 고른 아이는 "이 책은 우선 아주 재미있을 것 같아. 왜냐하면 책에 음식이 많이 나오는 것 같은데 우리 가족은 모두 음식에 관심이 아주 많고 먹는 것을 좋아하니까. 이 책을 읽으면 음식을 더 맛있게 먹을 수 있고 만드는 것도 배울수 있을 것 같아. 그리고 역사에 대해서도 나오는 것 같은데 곧 학교에서역사도 배울 거니까 공부에 도움도 될 테고. 지금까지 동물 나오는 책은여러 권 읽었으니 이번에는 음식 나오는 책을 읽을 차례야"라고 주장했다. 두 아이는 서로 왜 자기가 고른 책을 읽어야 하는지 의견을 나누며 서로를 설득했다. 토의의 기초가 되는 설득적 말하기를 자신들도 모른 채경험한 것이다.

책을 다 읽은 후 연계 활동을 계획할 때도 의견 나누기는 효과적으로활용이 된다. 가정에서 책을 통해 언어지능을 높이려 할 때 가장 중요한것은 아이들이 중심이 되어 놀이를 직접 구성하는 것이다. 활동에 아이의 의견이 반영되면 아이는 주인 의식을 가지고 즐겁게 참여한다. 따라서 책을 아이에게 들려준 후 연계된 체험 활동을 아이와 함께 계획하고실행할 것을 추천한다.

필자는 《꼬들꼬들 마법의 세계 음식책》을 읽은 후 두 아이와 함께 음식을 직접 만들어 보는 활동을 진행하였다. 한 아이는 만들어 볼 음식으로 비빔밥을 골랐고 다른 한 아이는 호떡을 골랐다. 물론 두 개 다 만들어 볼 수 있으나 왜 비빔밥을 만들어야 하는지, 왜 호떡을 만들어야 하는지 서로의 의견을 나눈 후 무엇을 먼저 만들 것인지에 대한 합의를 함께 끌어내기로 했다. 두 아이는 다음과 같은 주장을 하였다.

비빔밥

호떡

난 비빔밥을 만들어 보고 싶어. 왜냐하면 내가 제일 좋아하는 음식이니까. 내 생각에는 다른 나라에서 들어온 음식 같은데 비빔밥을 만들다 보면 어느 나라에서 왔는지 알 수 있을 것 같아.

난 호떡을 만들어 보고 싶어. 왜냐하면 호떡의 유래가 궁금하거든. 아침에 먹은 팬케이크랑 비슷해서 외국에서 온 것 같은데… 그리고 예전에 엄마가 호떡 만들어 줄 때 봤더니 만드는 게 별로 안 어려워 보였어.

호떡은 만드는 거 여러 번 봤으니 별로 재미없을 거 같아.

그렇지만 우리가 만든 적은 없잖아. 이번에는 우리가 직접 만들어 보자.

비빔밥은 간식이 아니라 밥이니까 더 좋은 거지.

비빔밥은 재료가 너무 많이 필요해서 우리가 못 만들 거 같아. 그리고 호떡은 동그랗게도 만들고 평평하게도 만들 수 있으니까 재미있을 거 같아. 밥 대신 호떡을 많이 먹으면 되지.

그래, 그럼 나는 포켓몬 호떡 만들래. 비빔밥은 좀 어려울 거 같으니까 다음에 만들자.

좋아, 나는 대왕 호떡 만들래.

초등 공부, 언어지능이 답이다

이렇게 의견을 나눈 후 비빔밥은 필요한 재료가 많고 아이들 스스로 만들기에 쉽지 않다는 점, 호떡은 쉽게 만들 수 있을 뿐 아니라 여러 가지 모양으로 변형시킬 수 있다는 점을 고려하여 읽기 후 연계 활동은 '호떡 만들기'로 결정하였다. 아이들끼리의 간단한 대화 같지만, 아이들은 각기 다른 의견을 다른 근거를 대며 주장하고 있다. 한 아이가 주장하면 다른 아이가 반박하고, 또 반박 의견에 반박하며 결국은 의견 합의에 도달하는 말하기를 거듭하면서 토의 및 토론의 기초를 연습하게 된 것이다.

### 4. 발표하기

질문하기 기법과 의견 나누기 기법이 상대와 주고받기식 말하기였다면, 발표하기는 일정 시간 동안 온전히 아이 혼자 말하는 활동이다. 줄거리 간추리기 혹은 책에서 가장 기억에 남는 부분 생각해 보기를 발표하기 기법의 주제로 활용할 수 있다. 또는 쓰기 활동과 연계하여 글 쓴 내용을 발표하는 것도 좋은 방법이다. 발표할 때는 다음의 사항을 고려하여 말해야 한다.

- 높임말 쓰기
- 듣는 사람을 고려하여 말하는 속도와 발표 시간 조정하기
- 발표에 어울리는 적절한 어휘 사용하기
- 발표 중 휴지 시간 줄이기
- 큰 소리로 명확하게 이야기하기

대부분 아이는 발표에 익숙하지 않으므로 너무 작은 목소리로 이야

기하거나 소리를 지르듯 크게 이야기해서 듣는 사람의 주의를 흐트러뜨린다. 아이는 종종 자기가 발표한다는 사실 자체를 어색해하기도 하고 재미있어 하기도 하여 발표 중 웃음을 터뜨리거나 다음에 말할 내용을 잊어버리기도 한다. 가까운 가족 앞에서 짧은 내용을 편하게 발표하는 것이기 때문에 장난스러운 말을 사용하거나 적절치 않은 용어를 섞어서 사용하기도 한다. 이때 부모는 발표할 때 지켜야 할 점을 분명히 알려 주고 아이가 최소 한 번은 발표 예행연습을 해서 발표 긴장감을 덜 수 있도록 도와주어야 한다.

발표는 고려해야 할 점이 많은 상당히 높은 수준의 말하기 기법이다. 발표하는 아이들에게 잔소리하며 지적하기보다 아이들 스스로 고쳐야 할 부분이 무엇인지 깨달을 수 있도록 하는 것이 좋다. 가장 좋은 방법은 동영상으로 아이의 발표 장면을 촬영하는 것이다. 요즘 아이들은 동영상에 매우 익숙하다. 동영상을 보는 것만큼 동영상으로 자기의 모습을 담는 것도 즐긴다. 특히 최근 유튜브 크리에이터들이 크게 주목을 받는 만큼 아이와 함께 '유튜브 촬영 놀이'를 하며 '발표하며 말하기'를 연습할 수 있다. 말할 주제를 정했으면 아이에게 예행연습을 포함한 말하기 연습을 할 수 있는 시간을 충분히 준다. 아이가 준비되어 말하기를 시작하면 동영상으로 아이의 모습을 촬영한 후 아이와 함께 영상을 보고 잘한 점과 부족한 점을 함께 이야기한다. 그 후 부족한 점을 보완하여 재촬영한다. 가족끼리 공유하는 인터넷 카페나 밴드, 또는 개인 유튜브 계정이 있다면 최종 촬영본을 올려 아이의 말하기에 자신감을 심어 주는 것이 좋다.

[우리 집 책 놀이] 네 번째 책 《꼬들꼬들 마법의 세계 음식책》 연계 활

동으로 아이들은 호떡을 직접 만들었다. 호떡을 만들면서 필자는 아이들이 과거에 언제 호떡을 먹어 보았는지, 호떡 만드는 방법은 무엇인지, 지금 직접 만든 호떡의 맛은 어떤지, 호떡은 어디서 유래했을 것 같은지에 대해 이야기를 나누었다. 나눈 이야기를 종합하여 아이들은 호떡을 만든 이유, 호떡 만드는 과정, 호떡의 맛, 각자 생각하는 호떡의 유래에 대하여 발표 동영상을 촬영하였다. 각각 한 번씩 촬영하고 촬영본을 확인한 후, 고쳐야 할 발표 습관, 잘못 사용한 어휘 등을 수정하여 재촬영을 하였다. 이렇게 가정에서 발표하기를 경험한 아이들은 유치원, 학교 등 공적인 자리에서 자신의 이야기를 할 때, 가정에서 촬영한 동영상 속 내 모습을 머릿속으로 그리게 되므로 능숙하고 자신 있게 발표할 수 있다.

# 6장
# 세 번째 비밀,
# 읽기

# 1.

# 지금 읽지 않으면
# 늦어요

읽기 능력은 자연스럽게 습득되는 언어능력이 아니다. 상당한 시간의 교육과 지속적인 학습 과정을 통해 점진적으로 발달하는 능력이다.

읽기 능력은 문자를 해독하는 능력, 전체 내용 및 세부 내용을 파악하는 능력, 숨은 의미를 찾아내는 능력, 기존 지식 및 경험과 연결하여 이해하는 능력 모두를 아우른다. 어린 시절부터 아이에게 책을 읽어 주면 아이는 하나씩 하나씩 문자 해독의 방법을 깨치게 된다. 처음에는 표지 그림이나 삽화에 관심을 두지만 만 5~6세가 되면 아이는 자연스레 글자의 생김새와 발음하는 방법에 관심을 두게 된다. 이때 부모가 아이의 호기심을 적당히 자극하여, 책 속 글자를 손가락으로 가리키며 발음을 맞추는 놀이를 하거나 한글 카드를 활용하면 아이는 쉽게 문자를 해독할 수 있다.

아이가 문자 해독을 넘어서 고차원적인 읽기 능력을 갖추기 위해서는 '나도 모르게 읽기에 집중하는 시간' 즉 즐거운 읽기, 또는 몰입 읽기가 필연적이다. 몰입은, 쉽지는 않지만 그렇다고 아주 버겁지도 않은 과제를 극복하기 위해 자신의 실력을 온통 쏟아부을 때 나타나는 현상이다.[37] 이러한 몰입을 읽기에 적용해 보면, 일정 분량의 책을 멈춤 없이 집중하여 읽으며 내용에 빠져들어 가는 것으로 설명할 수 있다. 가정에서 아이들이 이러한 몰입 독서를 함으로써 읽기의 즐거움을 경험하는 방법은 '꼬리에 꼬리를 무는 거미줄 독서'인 확장 독서다. 확장 독서는 아이들이 책을 한 권 읽은 것으로 끝내지 않고 그것을 시작으로 관련된 주제 및 다른 책을 찾고 연결하여 독서를 확장하는 방법이다. 책을 즐겨 읽는 어른들처럼 관심이 있는 주제나 좋아하는 작가별로 읽을 수도 있고 베스트셀러 순위대로 읽을 수도 있다.

읽기 능력에서의 개인차는 시간이 지날수록 더 벌어진다고 말한다. 예를 들어 취학 전 읽기를 잘했던 아이는 초등학교에 가서도 책 읽기를 좋아하고 책을 더 많이 읽으면서, 읽기 능력뿐만 아니라 어휘력과 음운 인식 능력이 더 높아진다. 특히 학령기의 어휘 지식은 읽기 능력과 관련성이 매우 높다. 어휘력이 풍부할수록, 아는 단어가 많을수록 읽는 것을 더 잘 이해하게 되어 더 잘 읽게 되고, 더 잘 읽게 되어 더 많이 읽게 되면 그 결과 더 많은 어휘를 습득하게 된다. 이런 누적적 이득을 '마태복음 효과(Matthew Effect)'라고 부른다. 즉, 읽기를 잘하는 아이는 더 잘하게 되고, 읽기를 못하는 아이는 점점 더 뒤처지게 된다는 것이다. 사회학자인 머턴(Merton)과 그의 아내 주커먼(Zuckerman)이 성경 마태복음 25장 29절 '무릇 있는 자는 받아 풍족하게 되고 없는 자는 그 있는 것까지 빼앗기리라'라는 말씀을 인용해 '마태복음 효과'란 용어를 처음 만들었는데, 토론토대 응용심리학과 교수인 스타노비치(Stanovich)가 '마태복음 효과' 용어를 읽기 능력을 설명하는 데에도 빌려 오면서 교육계에서도 이 용어가 사용되고 있다.[38]

# 2.

## 오늘 밤도 난 아이에게
## 책을 읽어 줍니다

아이의 읽기 능력을 키우는 가장 효과적인 방법은 부모가 아이와 함께 책을 읽는 것이다. 가정에서 부모가 아이와 함께 책을 읽는 시간이 하루 중 가장 소중한 시간이라는 것을 느꼈으면 한다. 이는 자녀와 부모의 친밀감을 높일 뿐만 아니라 아이의 조기 문해 능력을 발달시키는 최고의 방법이다. 아이에게 책을 읽어 주는 것은 가족 간 유대감을 강화하고, 아이의 어휘력을 향상하며 언어능력을 높인다. 또 두뇌 활동을 증진하고 사회적, 정서적 인식을 조정해 주는 등 그 장점을 일일이 열거하기 힘들 정도다. 특히 아이의 어휘 발달 속도에 있어서 부모의 영향은 생각보다 매우 크다. 부모와 책을 읽으면서 듣는 말이 많을수록, 다양하고 풍부한 어휘를 들을수록 아이의 어휘력은 빠르게 증가한다.

그런데 문제는 부모 대부분이 아이와 함께 책을 읽는 것의 유익과 중요성을 알고는 있지만, 실제로 실천하는 부모가 많지 않다는 것이다. 왜 그럴까? 부모가 직장 일로 너무 바빠서 그런 걸까? 아니면 아이가 학원 다니느라 시간이 없어서 그런 걸까? 책 읽어 주기가 아이를 얼마나 발전시킬 수 있는지 몰라서일까? 이유가 어떻든 간에 아이의 언어지능을 높이고자 한다면 오늘부터 아이와 함께 책을 읽는 시간을 확보하길 바란다. 시간을 확보하는 방법을 하나 소개하겠다. 바로 아이가 잠들기 전 책을 읽는 것이다.

오래전부터 학자들은 잠들기 전 책 읽어 주기 활동의 의의에 관하여 이야기한 바 있다. 기존 연구에 따르면 자기 전 책 읽어 주기의 의의는 크게 세 가지다.

첫째, 책을 읽어 주는 어른(주로 부모)과 아이와의 정서적 유대감 향상이다. 자기 전 읽어 주기는 어른과 아이가 몸을 밀착시킨 상태로 매우 가까운 거리에서 이루어진다. 또한 책 읽기가 끝나면 부모와 아이는 껴안기나 입 맞추기 등 친밀함을 나타내는 스킨십으로 활동을 마치는 경우가 많다. 아이는 엄마, 아빠의 온기 속에 친근한 목소리로 이야기를 들으며 동화 여행이라는 긴밀한 상호작용을 하므로 자기 전 책 읽어 주기는 아이에게 최고의 행복감을 주는 활동이라고 할 수 있다.[39] [40]

둘째, 자기 전 책 읽어 주기는 책에 대한 아이의 긍정적 관심을 높인다. 부모 대부분은 아이가 책을 좋아하고 스스로 찾아 읽는 아이로 자라나기를 바란다. 이 바람은 부모가 아이를 책 읽어 주기 활동에 청자로 참여시킴으로써 어느 정도 이루어질 수가 있다. 아이는 부모가 책을 읽어 줄 때, 그 활동 자체를 즐거움이라고 받아들이기 때문에 즐거운 감정은 책에 관한 관심으로 확장될 수 있다.[41] 이와 더불어, 어린 시절에 얻게 된 책을 향한 관심과 흥미는 한 인간이 '평생 독자'로 성장하는 데 기초가 되어 주는 의미 있는 발걸음이 될 것이다.

셋째, 책 읽어 주기 활동은 아동의 언어 이해력을 높인다. 통상 언어 이해력은 듣기 이해력과 읽기 이해력으로 나누어 생각하는데, 기존에 많은 학자들이 이미 책 읽어 주기와 아동의 언어 이해력과의 상관관계에 관한 연구를 시행하였다. 예를 들어 조경숙 외(2003)의 연구는 교실에서 아이들에게 소리 내어 읽어 주기를 했을 경우, 학생들의 읽기 자신감과 이해 정도가 유의미하게 높아졌을 뿐 아니라 듣기 능력과 쓰기 완성도에도 긍정적 효과를 미치는 것을 증명했다.[42] 송은경 외(2006)의 연구는 읽어 주기 활동은 아이의 듣기 이해력과 읽기 이해력을 동시에 향상시켜 주며, 듣기 이해력의 하위 요인인 사실적, 분석적 이해력 영역, 읽기 이해력의 하위 요인인 해석적, 적용적 이해력 등의 영역에서 유의미한 결과를 보여 주었다.[43] 두 연구 모두 아동 언어 발달에 있어서 읽어 주기가 듣기 이해력과 읽기 이해력을 자극해 언어지능 향상에 긍정적 효과를 미친다

**초등 공부, 언어지능이 답이다**

는 것을 이야기하고 있다.

**테스티모니** 잠들기 전 책을 읽어 주시던 엄마

엄마와 함께 잔 기억이 전혀 남아 있지 않은 걸 보면 우리 엄마는 꽤 일찍 아이들 잠자리 독립을 시켰나 보다. 잠들기 전 엄마는 꼭 두세 권의 책을 읽어 주곤 했다. 《아기 돼지 삼형제》, 《곰돌이 푸》, 《꼬마 검둥이 삼보》 등 서울 토박이답게 높고 카랑카랑한 목소리로 엄마는 매일 밤 책을 읽어 주었다. 지금처럼 집집마다 다양한 전집을 몇 질씩 갖춰 놓고 살던 시절은 아니었다. 우리 집에는 디즈니 세계 명작 시리즈와 전래동화집 몇 권이 있었을 뿐인데 엄마는 읽은 책을 읽고 또 읽으며 돌려막기식 읽어 주기를 하였으나 신기하게도 전혀 질리지 않았다. 동생이 좋아했던 《방귀 잘 뀌는 며느리》는 너무 많이 읽어 주어 책 문장 전체를 외울 지경이었다. 호랑이를 얼마나 빨리 많이 돌리면 버터가 될지 엄마와 동생과 도란도란 이야기를 나누던 기억은 30년이 훌쩍 지난 지금까지 머릿속 한편을 차지하고 있는 예쁜 기억이다.

잠자리 독립을 위한 수단이었을지, 교육적인 목적이었을지는 모르겠으나 엄마의 꾸준한 자기 전 책 읽어 주기 활동은 책으로의 몰입을 이끈 초석이 된 것은 분명하다. 엄마가 책을 읽어 주던 작은 방, 벽에 걸려 있던 나와 동생의 사진 액자, 얇은 동화책과 그 안의 알록달록 삽화, 내 옆에 누워 있던 동생, 높고 다소 빠른 엄마의 목소리, 마치 영화의 한 장면처럼 오랫동안 행복감으로 기억된다.

자기 전 책 읽어 주기 활동은 나도 모르는 사이에 정서적 안정감을 주고 즐거운 감정을 경험시켰을 것이다. 한글 공부를 따로 하지 않았으나 또래보다 꽤 많은 단어를 알고 있었던 것을 보면, 언어 이해력에도 어느 정도 영향을 미쳤던 것으로 보인다. 옛날 부모답게 애정 표현이 적극적이지는 않았던 엄마였지만 자기 전 엄마가 책을 읽어 줄 때만큼은 난 그 어느 때보다 엄마와 가깝고 친하다는 생각이 들었다. '-읍니다'가 표준어였던 시절, '읍내'를 왜 '씀내'가 아니라 '음내'라고 읽어야 하냐는 어린 나의 질문에 굉장히 재미있어하며 대답해 주던 엄마의 표정이 지금까지 생생하다. 디즈니 명작 동화에 나온 '보안관'이라는 단어가 생소하고 신기해 동생이 그 뜻을 몇 번이나 물었던 기억이, 내가 "경찰이랑 비슷한 거야"라며 잘난 척하며 동생에게 가르쳐 주던 기억이 지금까지 생생하다.

- 윤우현 맘

**초등 공부, 언어지능이 답이다**

## 3.
# 읽기 능력을 키우는
# 하루의 활동

### ① 읽기 전 활동

읽기 전 활동에서 가장 중요한 것은 아이가 읽을 내용에 대해 흥미를 느끼게끔 동기를 부여하는 것이다. 이런 내적 동기를 유발하는 방법의 하나는 아이에게 스스로 읽을 책을 고르도록 선택권을 주는 것이다. 그리고 읽을 내용과 관련해 아이가 자기의 경험과 지식을 충분히 끌어낼 수 있도록 돕는 것이다.[44] 예를 들어 아이가 《곰돌이 푸, 신나는 하루를 시작해》 책을 골랐다면, 읽기 전 아이에게 "친구 때문에 기분이 상한 적이 있었어?", "엄마 아빠 도움 없이 스스로 할 수 있는 일이 뭐가 있을까?"와 같이 책의 내용과 관련한 질문을 통해 이이가 읽을 내용과 관련해 자기 경험이나 생각을 말해 보도록 하는 것이다. 또는 책 제목이나 표지 그림인 곰돌이 푸와 숲속 친구들의 캐릭터를 보면서 아이에게 책의 내용을 예측해 보게 하는 것도 좋다.

이렇게 아이의 경험과 지식을 활성화하면서 아이가 이전에 배웠던 어휘들을 떠올려 보게 하거나, 읽을 내용에 나올 어휘들을 한 번 예측해 보도록 한다. 예를 들어 책에 나온 어휘 중 책 내용을 이해하는 데 핵심적인 역할을 하는 '도전', '인내', '용기', '자립'과 같은 몇몇 단어들을 아이와 같이 확인하면서 이후 본격적으로 책을 읽을 때 전반적인 내용을 잘 이해할 수 있도록 돕는 것이다. 단, 책을 읽기 전에 너무 많은 어휘를 학습함으로써 아이에게 인지적 부담을 주거나 흥미를 잃게 하지 않도록 주의한다.

### ② 읽기 중 활동

읽기 중 활동은 아이가 글을 실제로 읽어 보면서 내용을 이해하는 것뿐만 아니라, 자기의 경험과 지식을 활용해 글의 핵심 내용과 글쓴이의 의도까지 파악하며 추론하는 인지 과정이다. 따라서 부모는 아이와 함께 읽기 활동을 할 때, 아이가 글의 주제와 글쓴이의 의도를 파악하면서 능동적으로 의미를 해석할 수 있도록 돕는 조력자나 촉진자의 역할을 해야 한다.[45] 예를 들어 《곰돌이 푸, 신나는 하루를 시작해》 책을 읽을 때, 아이가 이전에 스스로 새로운 일을 해 봤던 경험을 끌어내 자기 나름대로 '도전'의 의미를 새롭게 해석하

초등 공부, 언어지능이 답이다

거나 정의할 수 있도록 돕는 것이다. 즉, 아이가 자기의 배경지식과 경험을 책 내용과 연결해 보도록 돕는 것이다. 또는 책의 핵심 내용인 '인내'의 의미를 잘 이해할 수 있도록 "친구 때문에 기분이 상했다고 친구한테 화를 내면 어떻게 될까?", "화를 내기 전에 친구의 좋은 점을 생각하며 한번 참아 보면 어떨까?"라는 질문을 하며 '인내'에 대한 아이의 이해를 촉진하는 것이다. 그리고 아이가 책을 읽으면서 모르는 어휘를 접하게 되면 부모가 어휘의 의미를 바로 알려주지 말고, 아이가 글의 맥락을 통해서 그 의미를 유추해 볼 수 있도록 지도한다.

이렇게 읽기 활동을 하는 동안 부모는 아이에게 "정말 잘 읽는구나!"와 같이 아이를 계속 칭찬하고 격려함으로써 아이가 읽기에 흥미를 잃지 않고 읽기 능력을 높일 수 있도록 동기부여 하도록 한다.

### ③ 읽기 후 활동

읽기 후 활동은 읽은 내용을 얼마나 잘 이해했는지 확인하면서 읽은 내용을 정리하고 강화하는 활동이다. 그리고 읽은 내용을 바탕으로 말하기와 쓰기 등 다른 언어 기능과 연계하여 읽은 내용을 확장하는 활동이다.[46] 예를 들어 《곰돌이 푸, 신나는 하루를 시작해》 책의 핵심 내용인 '도전', '인내', '용기', '자립'의 의미를 한 문장으로 요약해서 써 본다든가, 책 내용을 바탕으로 아이가 자기 경험과 연결해 '도전'에 관한 새로운 이야기를 만들어 보는 것이다. 또는 '인내'의 내용을 바탕으로 최근 사이가 안 좋아진 친구에게 편지를 써 본다든가, '용기'를 주제로 엄마 아빠와 역할극을 해 보는 것도 좋다.

---

### 테스티모니 아이는 독서를 하며 자란다

올해 초등학교에 입학한 아들은 누구에게든지 먼저 다가가 말하는 것을 두려워하지 않는다. 자신의 의견을 표현하는 것을 주저하지 않고, 특정 상황에 어떻게 대응해야 하는지도 잘 알고 있다. 아들은 이것을 부모와의 독서 활동을 통해 터득한 듯하다.

두 돌 때부터 내가 책 읽어 주기를 시작하여, 지금은 자기 스스로 하루에 한 시간 이상 책을 읽는다. 당시에 나는 매일 자기 전에 꼭 30분 이상씩 직접 소리 내어 책을 읽어 주었는데, 아들이 다섯 살 정도 되자 혼자 책을 꺼내서 읽기 시작하였다. 물론 예나 지금이나 책은 항상 아들이 고른다. 처음에는 책 표지의 그림을 보고 책을 고르더니, 글자를 읽을 줄 알게 되면서부터는 책의 제목을 보고 고른다. 그리고 지금은 자기가 읽고 싶은 책을 기억했다가 책장에서 뽑아 온다. 예를 들면 이런 식이다.

① 오늘 어린이집에서 간식으로 바나나가 나왔다.
② 바나나를 먹으면서 바나나가 등장인물로 나온 책을 떠올린다.
③ 집에 와서 책 읽는 시간에 바나나가 나온 책을 책장에서 뽑아 온다.
④ 아빠가 읽어 주는 책 이야기를 들으며 어린이집에서 먹었던 바나나

---

**초등 공부, 언어지능이 답이다**

와 비교한다.

⑤ 책 속 바나나의 모습과 행동에 자신을 투영해 보며 책 내용을 자연스레 습득한다.

⑥ 나아가 책을 읽어 주는 아빠와 정서적으로 교감하며 행복한 감정을 느낀다.

이렇게 아빠와 함께 책 읽는 날들이 하루하루 쌓여 간다면, 아이는 스스로 생각하고 행동할 수 있는 사람이 된다. 그리고 독서를 통해 행복감을 느끼고 자존감이 높아진 아이는 언제나 자신감 넘치고 다른 사람들과 깊이 교감할 수 있게 되어, 누구에게나 "저 아이 참 괜찮네!"라고 인정받게 되리라 확신한다.

- 강현규 | 삼성생명

**우리 집 책 놀이**

# 책으로 키우는 읽기 능력

단 한 권의 책이면 된다. 아이가 너무 재미있어 읽고 또 읽는 책이 한 권이라도 있다면 그 책을 매개로 읽기를 확장해 보자. 좋아하는 책에 나오는 등장인물과 비슷한 특징을 가진 인물이 나오는 책을 찾아 독서를 확장해 보자. 주인공과 주변 인물들끼리 비교하고, 이 책 주인공과 저 책 주인공을 비교하고, 인물들과 아이 자신을 비교하며 아이 스스로 책 한 권 속의 세계를 넓혀 갈 수 있다. 좋아하는 책의 특징을 '거미줄 활동'을 통해 시각적으로 표현하여 '꼬리에 꼬리를 무는 독서'로 이어지게 도와주자. 생각지도 못한 요소들끼리 재미있는 연결 고리를 찾을 수 있다. 관계성에 기인한 연결 독서를 통하여 아이의 언어지능은 폭발적으로 성장한다.

한 권의 책으로 시작한 독서가 가지가 뻗어나가듯 일 년 후에는 스무 권, 서른 권의 책으로 확장되는 경험을 모든 아이가 해 보길 바란다.

**초등 공부, 언어지능이 답이다**

## 1. 등장인물 확장 읽기

책을 읽는 동안이나 읽은 후 가장 많은 이야깃거리가 되는 것은 등장인물이다. 등장인물은 이야기를 이끌어 가는 핵심 축이므로 등장인물의 성격, 특징, 감정, 처한 상황 등을 파악하는 것은 내용 이해에 있어 매우 중요하다. 또, 아이가 책을 읽으면서 '내가 등장인물이라면 저 상황에서 어떻게 했을까?'를 상상해 보거나, 여러 등장인물 중 가장 마음에 들거나 마음에 들지 않은 인물을 생각하며 그 이유를 말해 본다면 내용 이해를 넘어서 책의 숨은 의미를 파악하고 자기 경험 및 지식과 연결하는 고차원적 읽기 능력까지 발달시킬 수 있다. 즉, 깊이 있고 폭넓은 독서를 통해 아이의 읽기 능력을 높이고자 할 때, 책 속 등장인물의 특징을 파악하여 그 특징과 관련된 다양한 종류의 책을 찾아 읽는 것은 매우 좋은 방법이다. 그럼 《플랜더스의 개》의 등장인물 확장 읽기를 하는 방법을 예로 살펴보자.

《플랜더스의 개》의 주인공은 '파트라슈'라는 이름을 가진 플랜더스 지방의 개와 파트라슈의 어린 주인인 '레오'다. 책을 읽기 전 책 제목과 표지 그림을 보며, 표지 그림 속 아이와 개의 관계에 대해 자유롭게 이야기를 나누어 본다. 제목 '플랜더스의 개'가 어떤 의미일지 상상하여 이야기를 나누고 책을 읽기 시작한다. 아이는 부모와 함께 이 책을 읽으면서 플랜더스의 개인 파트라슈, 그의 주인 레오, 레오의 친구 알로하가 처한 상황, 서로와의 관계, 이야기 속에서 겪는 일을 중심으로 장면을 머릿속으로 그려 보고 '내가 만약 파트라슈라면?', '레오라면?', '알로하라면?' 등을 상상하여 이야기해 본다. 그런 다음 '등장인물 그려 보기', '등장인물의 성격 설명해 보기', '등장인물에게 하고 싶은 말 쓰기', '새롭게 알게 된 단어로 이야기 만들기', '루벤스의 그림 중 가장 마음에 드는 것을 찾아보고 이유 설명하기' 등 다양한 읽기 후 활동을 해 본다. 이렇게《플랜더스의 개》를 읽으면서 아이들과 함께 하는 읽기 전, 읽기 중, 읽기 후 활동은 마치 서울 지하철 2호선 노선도처럼 책《플랜더스의 개》로 시작하여 책《플랜더스의 개》로 돌아오는 타원 형태와 같다. 노선도 속에 많은 역들처럼 쉼과 놀이, 그리고 아이들만의 이야기가 있다.

　지하철 2호선을 타고 한 바퀴 크게 돈 것처럼 읽기 전, 읽기 중, 읽기 후 활동을 통해《플랜더스의 개》의 내용을 깊이 이해했다면, 추가적인 읽기 후 활동으로 등장인물 확장 읽기를 해 본다.《플랜더스의 개》의 등장인물인 파트라슈처럼, 이야기에 개가 등장하는 다른 책을 찾아보는 것이다. 집에 책이 어느 정도 있다면 집에 있는 책 중에서 개가 등장하는 책을 찾는 것이 가장 쉬운 방법이다. 이미 다 읽은 책이어도 등장인물 간의 공통점을 찾으며 읽게 되면 초점이 달라지므로 새로운 책이나 마찬가지다. 만약 아이가 더 많은 책을 읽어 보고 싶어 한다면 도서관에 가서 개가 등장하는 책을 부모와 함께 찾아보는 것도 좋은 방법이다.

　실례로 필자의 아이들은《플랜더스의 개》를 읽은 후, 개가 등장하는 책을 책장에서 찾아보았다. 전래동화《개와 고양이》,《명견 래시》,《황야는 부른다》를 경쟁하듯이 찾아왔고, 꺼내 온 책을 스스로 읽기 시작했다. 그리고 매주 하루 도서관 가는 날, 아이들은 도서관에서 개가 나오는 책을 찾기 위해 여기저기를 뒤지기 시작했다. 그러나 그 많은 책 중 개가 나오는 책을 찾는 것이 좀처럼 쉬운 일은 아니라서 그런지, 아이들은 이내 포기하고 각자 좋아하는 책을 골라 읽기 시작했다. 그렇더라도 상관없다. 이럴 때는 부모가 사서의 도움을 얻어 책을 찾아주면 된다. 필자는 도서관에서《나의 블루보리 왕자》,《나의 달타냥》,《개를 훔치는 완벽한 방법》을 빌려 아이들과 함께 읽었다. 《개를 훔치는 완벽한 방법》은 필자가 아이들한테 읽어 주었고, 《나의 블루보리 왕자》와 《나의 달타냥》은 아이들이 각자 읽었다.

이렇게 아이들과 함께 책을 읽을 때는 각 책에 등장하는 개가 어떤 모습으로 그려지고 있는지도 살펴볼 필요가 있다. 또 이러한 책 읽기는 지하철에 비유하자면 순환선이 아닌 지선이므로, 책을 읽고 자유롭게 이야기하는 것이 중요하다. 예를 들면 "《나의 달타냥》에 나오는 달타냥은 어떤 성격을 가진 개야?", "달타냥은 파트라슈처럼 주인이 있어?", "《나의 블루보리 왕자》에 나오는 허스키는 어떤 특징을 가진 개야?", "《개를 훔치는 완벽한 방법》은 정말 개를 훔치는 방법이 나오는 책이야?"와 같은 질문을 부모와 아이가 서로 주고받으며 읽기 활동을 하는 것이다. 그리고 이렇게 개가 등장하는 책 네 권을 모두 읽었다면, 아래 그림과 같이 각

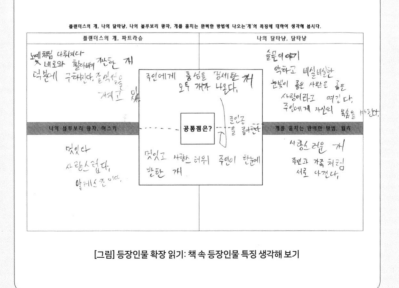

[그림] 등장인물 확장 읽기: 책 속 등장인물 특징 생각해 보기

책에 나오는 개의 특징을 써 보고 공통점을 찾아보면서 등장인물을 비교해 보는 것이다.

필자의 아이들은 그림처럼 네 권의 책이 모두 개를 등장인물로 그려 내면서도, 각 책의 이야기 구성 방식이 다르다는 것과 등장인물이 처한 상황도 다르다는 것을 깨달았다. 그리고 아이들은 주인공이 '개'라는 사실 외에 다른 공통점이 있는지 찾아보면서 사고의 너비를 확장하고 몰입하여 읽는 능력을 향상했다.

이 책을 읽는 부모들도 위의 사례를 참고하여 아이와 함께 등장인물 확장 읽기를 해 보자. 예를 들면《플랜더스의 개》의 또 다른 주인공 레오처럼 혼자 삶을 꾸려 나가야 하는, 힘없고 가난한 아이가 등장하는 책을 찾아 읽어 보는 것이다. 버려진 아이이자 떠돌이 악사인 '레미'가 등장하는《집 없는 아이》, 부도덕하고 어른답지 못한 부모 때문에 혼자 삶을 개척해 나가는 '마틸다'가 등장하는《마틸다》, 한센병에 걸린 부모와 격리되어 부모를 그리워하며 서로를 의지하고 살아가는 '성탄이'와 '달희'가 등장하는《소록도의 눈썹달》과 같은 책들 말이다. 이 책들의 주인공들은 넓게 보면 모두《플랜더스의 개》의 주인공 레오의 친구들이다.

필자의 아이들은《소록도의 눈썹달》책을 무척 좋아했다. 책을 읽은 후 "소록도가 진짜 있었던 곳인가요?", "한센병은 어떤 병이에요?", "왜 지금은 이 병이 없어졌어요?", "소록도에 가면 한센병에 걸린 사람들을 만날 수 있어요?" 등 수많은 질문을 쏟아 냈다. 필자는 이런 질문들을 바탕으로 아이들과 함께 인터넷으로 과거 신문 기사를 찾아보면서 한센병이 무엇인지 공부했고, 소록도는 어디에 있는 섬이고 왜 그 섬이 격리 지역으로 선정이 되었는지도 함께 찾아보면서 관련 지식을 넓혀 갔다. 이렇게 한센병과 소록도에 관한 자료 수집을 통해 지식을 확장한 후에는, 아이들과 함께 '전염병 환자를 격리하는 것이 과연 옳은가'에 대한 토론 활동을 진행했다. 읽기 영역을 말하기 영역으로 연계·확장한 것이었다. 책을 읽은 시기가 코로나19로 격리가 일상화되던 때라 그 어느 때보다 아이들은 전염병과 격리에 호기심이 많았다. 병에 걸린 부모를 보지도 만져 보지도 못하는 성탄이와 달희에게 크게 공감한 아이들은 병에 걸렸다고 하여 가족과 접촉하지 못하게 막는 것은 불합리하다며 크게 격분하기도 했었다.

이처럼 《플랜더스의 개》로 시작한 읽기는 등장인물의 특징을 고려하여 '개가 등장하는 책'과 '부모 없이 혼자 삶을 꾸려 나가는 아이가 등장하는 책'으로 읽기를 확장해 갈 수 있다. 한 권의 책으로는 다소 부족할 수 있는 지식의 깊이를 확장 독서를 통해 보충할 수 있는 것이다. 특히, 《소록도의 눈썹달》처럼 아이에게 특별히 의미 있게 다가오는 책은 시간을 조금 더 투자하여 책 속 이야기를 충분히 나누는 것이 좋다.

또한 지하철 노선도에 지선을 확장하는 것처럼, 관련 책을 많이 읽는 경험은 책 간 연계 활동의 튼튼한 기반이 된다. 예를 들면 아이와 함께 《푸른 사자 와니니》를 읽을 때, 상처를 입어 무리에서 쫓겨난 말라이카에 관한 이야기를 나누면서 《플랜더스의 개》와 《소록도의 눈썹달》의 내용과 연계해 질문하는 것이다.

"《플랜더스의 개》 주인공인 가난한 고아 레오, 《소록도의 눈썹달》에 나오는 한센병 환자들과 성탄이와 달희, 《푸른 사자 와니니》의 아산테와 말라이카는 어떤 공통점이 있을까?"

"우리가 사는 세상에서 그들처럼 도움이 필요한 사람들은 어떻게 살고 있을까?"

"만약 레오가 몇백 년 전 아이가 아니라 지금 한국에 사는 아이라면 어떻게 살고 있을까?"

"우리는 도움이 필요한 사람들을 어떻게 도울 수 있을까?"

위와 같은 책 간 연계 질문은 책과 책, 그리고 삶과 삶을 연결해 준다. 이러한 연계 활동을 통하여 아이들은 크게 관련이 없어 보이는 책끼리 공통점을 찾아내기도 하고, 등장인물과 등장인물을 연결하기도 한다. 또 책 속 등장인물을 현실로 데려오기도 하며 다양하고 깊이 있는 질문거리 및 이야깃거리를 찾아내면서 사고를 확장하고 읽기 능력을 발달시킨다.

## 2. 꼬리에 꼬리를 무는 거미줄 독서

등장인물 확장 읽기 외에 책을 확장하여 읽는 또 다른 방법은 '꼬리에 꼬리를 무는 거미줄 독서'다. 거미줄 독서는 읽기 후 활동에서 흔하게 사용되는 마인드맵을 확장해 내용과 내용, 내용과 경험, 경험과 느낌을 유기적으로 연결한 창의성 발달 프로그램이다. 거미줄 활동을 활용하면 읽은 책과 밀접한 관련이 있는 책을 더 찾아 읽게 된다. 이를 통해 아이들은 조금 더 깊이 있는 내용을 다양한 작가의 눈으로 볼 수 있고 연계된 책을 순차적으로 읽음으로써 전문가적 시점을 가질 수 있게 된다.

거미줄 활동은 내용이 연계된 책뿐만 아니라 기존에 읽은 책과 크게 관련이 없는 책까지도 연결해 준다. 거미줄이 멀리 뻗을수록 중심에 있는 내용과 사방으로 뻗은 내용 사이의 관계성은 멀어질 수 있다. 따라서 내용을 확장해 나가며 책을 고른다면 폭넓은 독서도 가능하다. 이때 중요한 것은 거미줄 활동에 적은 단어와 단어, 책과 책 사이의 연결성을 확인해 가며 공통점과 차이점을 찾는 활동을 하면서 책을 읽는 것이다. 이러한 책 읽기는 아이의 유기적, 통합적 사고 발달에 매우 효과적이다.

---

<1단계> 마인드맵 그리기: 책을 읽은 후 생각나는 단어와 낱말을 마인드맵 형식으로 종이에 표현한다.
<2단계> 가지 뻗기: 마인드맵을 확장하여 최대한 많은 단어와 낱말을 쓴다.
<3단계> 거미줄 만들기: 쓴 단어를 보며 연관성이 있는 단어끼리 선으로 연결한다.
<4단계> 거꾸로 돌아가기: 마치 거미줄처럼 복잡하게 엮인 단어를 보며 이번에는 가장자리에서 가운데로(역으로) 생각하며 단어의 연결성 및 공통점을 생각해 본다.
<5단계> 파생 주제 고르기: 흥미롭게 보이는 단어를 색칠한다.
<6단계> 확장 독서하기: 색칠한 단어와 관련된 책을 찾아 읽어 본다.

---

[표] 꼬리에 꼬리를 무는 거미줄 독서 단계

### [지식in] 아이의 질문을 끌어내는 '마인드맵'

마인드맵(Mind Map)은 영국의 토니 부잔(Tony Buzan)이 1970년대에 고안한 학습 방법으로 좌뇌와 우뇌를 동시에 유기적으로 활성화하여 기억력과 창의력을 높이고 두뇌 기능을 향상하는 활동이다. 부모가 아이에게 주제를 던져 주면 아이는 그 주제에 대해 연상되는 생각을 자유롭게 그물 형태로 정리하고, 다시 부모에게 질문하는 방식으로 마인드맵을 활용할 수 있다. 이때 해서는 안 될 질문은 없다. 오히려 부모는 아이의 창의적 사고를 돕기 위해 효과적으로 질문하는 방법을 가르쳐 준다. 그중 가장 많이 사용하는 방법이 '소크라테스식 질문'이다. 소크라테스식 질문은 무엇인가를 알고서 하는 명제적 질문부터 어떤 결말을 암시하고 있는지, 어떤 반론을 펼칠 수 있는지까지 깊고 다양하게 생각할 수 있도록 도와준다.[47]

### ① 박수근이 쏘아 올린 작은 공, 나비 효과가 되다!

책 놀이 주제가 될 책을 선정할 때는 앞서 언급한 것과 같이 아이들의 언어지능 수준, 나이, 흥미 등을 고려해야 한다. 그러나 일상에서 겪는 경험과 밀접한 관련이 있는 책을 고른다면 아이들은 더 큰 재미를 느끼며 책에 몰입할 수 있다.

필자는 [우리 집 책 놀이] 프로젝트를 할 때 읽기 후 활동으로 야외 체험학습을 주로 계획했으나, 반대로 야외 체험학습 후 관련 책을 찾아 읽게 된 때도 있었기에 이를 소개하려 한다. 2022년 봄 어느 주말, 아이들과 함께 덕수궁 미술관에서 개최한 <박수근 미술전>을 관람하였다. 아이들은 박수근이 화가라는 것 외에 크게 아는 바가 없었기에 아이들에게 메모장을 주며 가장 마음에 드는 그림을 따라 그려 보라는 미션을 주었다. 미션 때문인지 아이들은 평소보다 집중력 있는 관람 태도를 보이며 열심히 그림을 따라 그렸다.

미술관에서 박수근이라는 화가와 그림에 대한 간략한 설명을 듣고 집에 돌아와, 독서로 배움을 연장하고자 하는 계획을 세웠다. 즉시 도서관에서 박수근 위인전을 빌려 와서 아이들과 함께 읽었다. 어린이용 위인전은 대체로 분량이 적고, 특히 화가에 관한 책은 그림이 워낙 많이 실려 있어 앉은자리에서 한 번에 다 읽을 수 있다. 책을 읽으며 아이들은 자기들이 미술관에서 따라 그린 그림이 나올 때마다 환호했고 더 큰 관심을 보였다.

책 읽기를 마친 후 아이들과 박수근의 삶에 관한 이야기를 자유롭게 나누었다. 아이들은 박수근이 생전에 큰 성공을 맛보지 못하고 세상을 떠난 것에 대한 아쉬움을 이야기하며 당시 어지러웠던 우리나라의 상황에 관한 질문을 늘어놓았다. 또, 제주도 여행 시 방문했던 이중섭 갤러리에서 읽었던 내용을 떠올리며 '그 당시 화가들은 모두 가난했을까?'라는 궁금증을 가지게 되었다. 아이들의 질문들을 모아 읽기 후 활동으로 거미줄 만들기를 하며 책에 관한 내용 및 질문을 정리하였다.

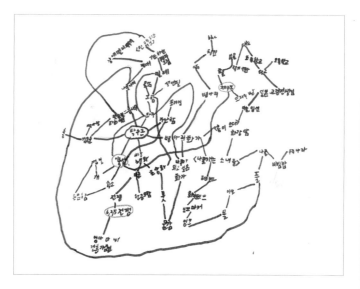

[그림] '박수근' 거미줄 만들기

거미줄을 잘 보면 '박수근'이 가장 중심에 있고, 선 끝에 매달린 '비빔밥', '튼튼함', 'bhc' 등의 단어들은 박수근과 전혀 관련이 없어 보이는 단어다. 그러나 '학교', '풀', '이중섭', '가난함', '제주도' 등의 단어는 여러 갈래와 연결이 되어 중복 설명이 가능한 단어들이다. 거미줄 그리기를 마쳤다면 아이들과 함께 단어를 살펴보고 왜 연결했는지에 대하여 이유를 설명하게 하는 것이 좋다. 그리고 중복되어 연결된 단어 중 중요해 보이거나 흥미로운 단어를 동그라미로 표시하고 여기서부터 독서를 확장해 나가는 것을 추천한다.

필자는 거미줄을 보며 아이들과 상의 후 '이중섭', '6·25전쟁', '나무' 세 단어를 주요 단어로 정하였고, 세 단어를 바탕으로 세 가지의 꼬리에 꼬리를 무는 거미줄 독서를 시작하였다.

### ② 읽기 전·중·후 활동 '안!물!안!궁!'

꼬리에 꼬리를 무는 거미줄 독서의 첫 번째 주제는 '이중섭'이었다. 아이들은 가장 먼저 박수근과 비슷한 시대를 살았던 화가 이중섭에 관련된 책을 읽었다. 위인전이나 비문학 책을 읽을 때 활용할 수 있는 읽기 활동으로 '안!물!안!궁!'을 추천한다. '안!물!안!궁!'은 미국 초등학교에서 주로 사용하는 읽기 활동 KWL(K-What I KNOW, W-What I WANT to Know, L-What I LEARNED) 차트를 한국식으로 변형시킨 활동이다. '안!물!안!궁!'에서 '안!물!'은 읽기 전에 이미 알고 있는 내용과 책을 통하여 더 알고 싶은 내용을 간단히 적는 활동이다, 그리고 '안!궁!'은 읽기 중이나 읽기 후에 하는 활동으로 책을 읽으며 새롭게 알게 된 내용을 써보고, 알고 싶었던 내용인데 책을 통해 궁금증이 해소되지 않았거나 책을 읽고 나니 더

---

안(이미 **안**다) - 이미 알고 있는 것 쓰기
물(그러나 **물**어보고 싶다) - 책을 통해 더 알고 싶은 것 쓰기
안(이제 더 **안**다) - 책을 읽고 새롭게 알게 된 것 쓰기
궁(아직도 **궁**금하다) - 궁금했는데 답을 못 찾은 것이나 더 알고 싶은 것 쓰기

---

**[표] 읽기 전·중·후 활동 '안!물!안!궁!'**

깊이 알고 싶은 점을 쓰며 책 내용을 정리해 보는 것이다. 쉽고 간단한 활동이지만 아이의 읽기 집중력과 사고력을 발달시키는 데 매우 효과적이다.

필자와 아이들은 '안!물!안!궁!' 활동으로 위인전 《이중섭》을 읽었다. 아이들은 책을 읽기 전에 스케치북을 네 칸으로 나눈 후 그림과 같이 내용을 정리하였다.

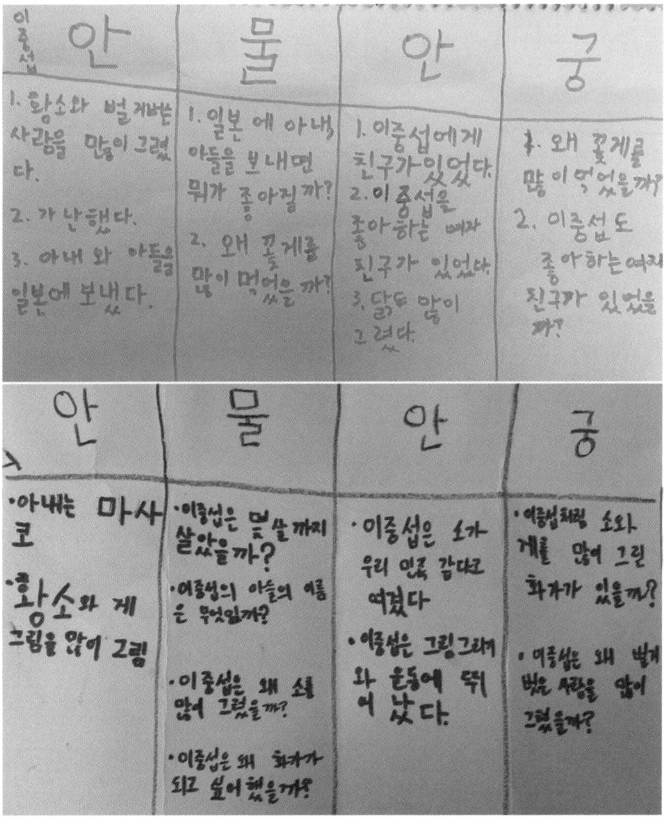

[그림] 위인전 《이중섭》 읽기 전·중·후 활동 '안!물!안!궁!'

이중섭의 생애와 작품을 다룬 책을 읽고 난 후, 아이들은 동시대 화가인 나혜석에 관한 위인전 《나혜석》을 읽으면서 독서를 확장했다. 그리고 이중섭이 머물렀던 제주도에 관해 관심을 보여서 어린이용 비문학 도서 읽기까지 독서 영역을 확장했다. 《주강현의 제주도 이야기》는 제주만이 가지고 있는 자연적 특징과 인문적 특징을 비교적 흥미롭게 기술한 비문학 도서다. 제주 여행의 기억을 떠올리거나 학교 사회 시간에 배운 내용을 떠올리며 책을 읽으면 내용을 더 쉽게 이해할 수 있다. 또 '왜 이중섭이 제주에 머물렀을까?'라는 질문을 품은 채 책을 읽으면, 제주도의 역사적 배경 및 지리적 특징에 집중하며 질문에 대한 답을 유추해 나갈 수 있는 좋은 읽기 활동이 된다.

| 첫 번째 확장 주제 | 확장 독서 | 재확장 독서 |
|---|---|---|
| 이중섭 | 위인전 《이중섭》 | 위인전 《나혜석》<br>《주강현의 제주도 이야기》 |

[표] '이중섭'꼬리에 꼬리를 무는 거미줄 독서

꼬리에 꼬리를 무는 거미줄 독서의 두 번째 주제는 6·25전쟁이었다. 박수근을 읽고 난 후 아이들은 시대적 상황에 큰 관심이 생겼다. 어렴풋이 우리나라가 과거에 전쟁을 겪었다는 사실을 알고 있었지만, 전쟁 당시 사람들의 삶을 알아볼 기회는 없었다. 아이들은 6·25전쟁이 왜 발발하였는지, 사람들은 전쟁 중에 어떻게 살아갔는지에 대해 의문을 가졌다. 필자는 집 책장에 꽂혀 있는 역사 전집 중 6·25전쟁과 관련된 짧은 책을 아이들과 함께 읽으며 전쟁의 원인과 결과에 대하여 간략히 정리한

**초등 공부, 언어지능이 답이다**

후, 《할아버지의 뒤주》, 《노란 리본》, 《그 많던 싱아는 누가 다 먹었을까》를 함께 읽기 시작했다.

《할아버지의 뒤주》는 주인공 아이가 뒤주로 들어가 과거로 시간 여행을 하는 내용인데, 역사를 처음 접하는 초등학교 3학년 이상 아이들에게 추천하는 도서다. 이 책은 조선시대부터 6·25전쟁까지 굵직한 역사적 사건들을 시간 여행이라는 매개체를 활용하여 독자에게 잘 설명해 준다. 그러나 각각의 사건들이 아주 짧게 묘사되어 있어서, 추가로 전쟁을 구체적으로 묘사한 《온양이》를 재확장 도서로 골랐다. 흥남 부두에서의 피난민 모습을 그려낸 책 《온양이》는 북한에서 남한으로 피난하려는 사람들의 모습을 허구의 이야기를 통하여 그려 내고 있다. 반면 박완서 작가의 《그 많던 싱아는 누가 다 먹었을까》는 전쟁 중 남한에 살고 있던 사람들의 모습을 생생하게 그려 내고 있어서, 이 두 책을 비교해 가며 당시 사람들의 모습을 상상해 보는 것도 좋았다. 《그 많던 싱아는 누가 다 먹었을까》 이후 비슷한 내용의 성장 소설 《마당 깊은 집》을 함께 읽었고, 작가를 중심으로 책을 확장하여 박완서 작가의 《자전거 도둑》을 읽기도 하였다. 한국의 근현대사 중 중요한 사건을 단편 형식으로 구성한 책인 《노란 리본》은 아이들에게는 다소 어려운 내용일 수 있으므로 6·25전쟁 부분만 발췌하여 읽는 것을 추천한다.

이렇게 '박수근'에서 시작한 책 읽기는 두 번의 확장 독서를 통하여 더 다양한 책을 읽을 기회를 제공하였다. 《자전거 도둑》에서 더 확장하여 박완서 작가의 다른 작품을 읽을 수도 있고, 《바다와 육지에서 왜적을 물리치다》를 읽은 후 《난중일기》를 읽을 수도 있다. 또는 《마당 깊은 집》을 읽은 후 성장소설 《완득이》를 읽어도 좋다. 아이의 호기심과 관심을 중심으로 꼬리에 꼬리를 무는 책 읽기가 이어지기 때문에, 아이의 집중력과 읽기 지속성을 유지할 수 있다.

| 두 번째 확장 주제 | 확장 독서 | 재확장 독서 |
|---|---|---|
| 6·25전쟁 | 《할아버지의 뒤주》 | 《온양이》 |
| | | 《바다와 육지에서 왜적을 물리치다》 |
| | 《노란 리본》 | |
| | 《그 많던 싱아는 누가 다 먹었을까》 | 《마당 깊은 집》 |
| | | 《자전거 도둑》 |

[표] '6·25전쟁' 꼬리에 꼬리를 무는 거미줄 독서

꼬리에 꼬리를 무는 거미줄 독서의 세 번째 주제는 '나무'였다. 박수근은 주로 느릅나무를 그렸지만, 아이들은 나무라는 주제에 대하여 더 찾아보기를 원했다. 그래서 그림책《나무 속의 나무집》과 생태계의 소중함을 일깨워 주는《나무는 어떻게 지구를 구할까》를 읽기로 하였다.

《나무 속의 나무집》은 나무 여러 그루가 자라고 또 자라 사람이 살고 있지 않은 빈집을 들어 올려 나무 위로 올리는 내용의 그림책이다. 아이들은 시간의 흐름에 따라 주변이 변하는 모양새를 이야기하는 이 책을 읽자마자 영어 책《Magic Tree House》(한국어 번역본 제목은《마법의 시간 여행》)를 떠올렸다. 필자는 원서와 한국어 번역본을 도서관에서 대여해 아이들과 함께 읽었다. 아이들은 나무집을 통해 시간 여행 하는 이야기에 폭 빠져 버렸다.

초등 공부, 언어지능이 답이다

| 세 번째 확장 주제 | 확장 독서 | 재확장 독서 |
|---|---|---|
| 나무 | 《나무 속의 나무집》 《나무는 어떻게 지구를 구할까》 | 《Magic Tree House》 시리즈 원서 및 한국어판 |

[표] '나무' 꼬리에 꼬리를 무는 거미줄 독서

이처럼 박수근 전시회가 단지 관람에서 멈추지 않고, 이중섭과 6·25 전쟁, 나무와 관련한 주제로 이어지며, 각각의 주제들이 다시 확장 독서와 재확장 독서로 이어지는 활동은 아이들의 읽기 능력뿐만 아니라 집중력과 사고력 등을 키우는 데 큰 도움이 됐다. 특히, 박수근과 이중섭, 나혜석으로 이어지는 당대 화가들에 대한 독서는 한국 근현대 미술가에 대한 지식을 높여 주었다. 6·25전쟁과 임진왜란을 비교하며 두 전쟁의 공통점과 차이점을 이야기할 수 있었고, 전쟁 당시 아이들과 어른들의 삶이 어떤 모습이었을지도 책을 바탕으로 유추하여 생각할 수 있었다. 이와 더불어 《할아버지의 뒤주》, 《Magic Tree House》 두 권의 책 모두 공통적으로 주인공이 시간 여행을 하며 굵직한 역사적 사건으로 들어가는 내용이어서, 여기서부터 거미줄이 다시 연결될 수 있었다.

결국 읽기 능력을 키운다는 것은, 글을 읽으며 내용을 정확히 파악하고 숨은 뜻과 의미를 유추하여 자기의 삶 또는 자기의 경험과 연결하여 사고가 확장되는 것을 의미한다. 이러한 읽기 능력은 내용과 의미의 파악, 배경지식 활성화를 기본 목표로 하는 거미줄 활동과 꼬리에 꼬리를 무는 확장 독서를 통해 키워진다고 확신한다.

# 7장
# 네 번째 비밀,
# 쓰기

**1.**

# 모두가 작가인 시대,
# 쓰기는 언어지능을 높이는 부스터샷

자신의 발자취를 남기거나 자신의 목소리를 내고자 할 때, 또는 다른 이들과 소통하고자 할 때 자기 생각을 가장 잘 표현할 수 있는 도구가 바로 글이다. 요즘은 책을 출간하거나 잡지나 신문에 기고하지 않아도 온라인에서 작가로 데뷔하는 방법도 다양해졌다. 페이스북이나 인스타그램과 같은 소셜미디어에 짧은 글을 올리는 것도 일상이 되었다. 이렇게 글로 소통하는 도구가 다양해졌다는 것은 누구나 작가가 될 수 있음을 의미하지만, 동시에 글을 잘 써야 세상과 소통하며 변화하는 세계에서 살아남을 수 있다는 것을 뜻하기도 한다.

그렇다면 글을 쓴다는 것은 뭘까? <표준국어대사전>에서는

'쓰다'를 '머릿속의 생각을 종이 혹은 이와 유사한 대상 따위에 글로 나타내다'로 정의한다. 달리 말하자면, 문자 기호를 사용해서 자신이 전하고자 하는 의미를 표현하는 의사소통 과정이라는 것이다. 쓰기는 독자를 전제로 한 언어 행위이기에 글을 쓸 때는 항상 내 글을 읽는 사람을 고려해야 한다. 독자가 누구냐에 따라 쓰기의 목적은 물론 방향도 달라지기 때문이다.[48] [49]

우리 주변에 보면 말은 참 잘하는데 쓰기 능력이 부족한 아이들이 많다. 실제로 아이들은 듣기나 말하기, 읽기와 같은 다른 언어 영역에 비해 쓰기를 어렵게 느끼며 글쓰기를 기피하는 경향을 보인다. 어른들도 마찬가지다. 왜 그럴까? 글쓰기를 어려워하는 가장 큰 이유는 막상 뭔가를 쓰려고 할 때 뭘 써야 할지 막막하기 때문이다. 쓰기는 낙서처럼 의미 없는 문장을 단순히 나열하는 것이 아니라, 마음속에 떠오르는 생각을 구조화하는 고차원의 인지적인 의미 구성 과정이다. 설령 무슨 내용을 써야 할지 알고 있더라도, 쓰고자 하는 내용을 어떤 방식으로 전개해야 하는지 모른다면 이 또한 막막함을 느끼게 하는 요인이 된다. 게다가 쓰는 것은 말하는 것보다 훨씬 더 높은 수준의 정확성과 완결성을 요구한다. 말할 때보다 문법과 어휘의 정확함을 더 엄격하게 지켜야 하는 것은 물론, 자신이 전하고자 하는 바를 비약 없이 일관성을 갖춘 하나의 완성된 글로 표현할 수 있어야 한다.[50]

이처럼 쓰기는 듣기, 말하기, 읽기 등의 기존 언어능력과 오감을 활용하여 얻은 자극을 머릿속에서 새롭게 구성하고 재범주화하여 말하고자 하는 내용을 적절한 어휘로 표현하는 사고 집약적인 활동이다. 복합적 언어능력과 사고 과정을 거쳐야 하므로 탄탄한 생각 근육과 쓰기 근육을 갖추어야 좋은 글을 쓸 수 있다. 생각 근육은 듣기, 말하기, 읽기를 반복하여 키울 수 있다. 책을 많이, 제대로 읽는 것은 생각 근육의 기초를 다지는 일이다. 그러나 글로 옮기기 위해서는 머릿속에 산재해 있는 단편적인 생각을 모아서 적절히 나누고 다시 연결한 후 다듬어야 한다. 많은 에너지와 고도의 정신력을 수반하는 일이다. 생각 근육의 기초가 되는 책 읽기가 트레드밀에서 걷는 유산소 운동이라면, 쓰기는 스쿼트와 같은 근육 운동이다. 다른 언어 활동에 비해 더 많은 에너지가 필요하지만, 쓰기를 반복하여 경험한 아이는 훨씬 더 논리적으로 사고할 수 있다.

그렇기에 아이의 쓰기 능력을 키우고자 한다면 다른 언어영역보다 더 체계적이고 의식적인 교육이 필요하다. 가정에서 부모가 할 수 있는 가장 기본적인 쓰기 교육은 응집성과 통일성을 갖춘 글을 쓰도록 지도하는 것이다. 둘 이상의 문장이 의미상으로 서로 연결되어 하나의 완결된 생각을 표현할 수 있도록 담화 수준의 쓰기 교육을 하는 것이다. 여기서 응집성이란 글의 형식적인 측면에서 문장과 문장의 의미를 자연스럽게 연결해 주는 '이것', '그것', '저것', '이', '그', '저'와 같은 지시와 대용 표현, '그리고', '그래서', '그런데', '그러니', '그러므로'와 같은 접속 표현, '이와 달리', '요컨대', '결론적으로'와 같이 문장 간의 응집성을 높이기 위하여 사용하는 담화 표지 등의 결속 장치를 말한다. 그리고 통일성은 글의 내용적인 측면에서 글이 중간에 다른 길로 새지 않고 전체 문장들이 하나의 주제로 서로 유기적인 관계를 갖는 것을 말한다. 또한 쓰기는 글쓴이와 독자와의 의사소통 과정이므로, 내가 쓴 글을 읽게 될 독자가 누구인지 항상 염두에 두면서 글이 쓰이고 읽히는 사회적 상황과 맥락을 충분히 고려해 쓰도록 지도해야 한다.[51]

물론 이렇게 독자와 맥락을 고려하며 응집성과 통일성을 갖춘 글을 쓰는 능력은 하루아침에 키워지지 않는다. 하지만 초등학교 고학년이 되고 나서야 쓰기의 중요성을 깨닫고 본격적으로 쓰기를 시작한다면, 쓰기 능력을 키우는 중요한 시기를 놓친 것일 수도 있다. 왜냐면 초등학교 고학년이 되면 아이의 언어 체계는 이미 구어에 맞춰져 있기 때문이다. 그래서 쓰기를 통해 아이의 언어지능을 높이고자 한다면, 아이가 어릴 때부터 쓰기에 관심을 두고 어떤 글부터 어떻게 쓰도록 지도하는 게 좋은지 고민하고 또 고민해야 한다.

글을 잘 쓰려면 무엇보다 자주 쓰고, 많이 쓰고, 다시 읽고, 고쳐 써야 한다. 등산을 한 번도 해 보지 않은 사람에게는 동네 뒷산도 에베레스트산처럼 높게만 느껴지듯이, 쓰기에 익숙하지 않은 사람은 두어 줄의 문장 쓰기조차 대하소설 몇 권을 쓰는 것만큼 힘겹게 느낀다. 생각을 글로 바꾸는 과정이 어렵지 않게 느껴지도록, 쓰기를 즐길 수 있는 아이가 되도록 가정에서 도와주자. 아이들의 쓰기 능력을 높여 주기 위해서는 다음 세 가지에 초점을 맞추어야 한다.

첫째, 매일 쓴다.

둘째, 쓰기를 말하기, 읽기, 듣기와 연계한다.

셋째, 끊임없이 생각한다.

# 2.
# 쓰기 근육 다지기,
# 쉬운 글부터 써요!

쓰기 능력은 단계적으로 발달한다. 쓰기 경험과 지식이 부족한 아이에게 무턱대고 수필이나 논설문을 써 보라고 한다면 그것은 쓰기 능력을 높이는 데 전혀 도움이 안 될 뿐만 아니라, 글 쓰는 것 자체를 싫어하게 만드는 역효과마저 불러일으킨다. 아이의 현재 쓰기 수준을 파악해서 그 수준에 맞게 글을 차근차근 써 나가도록 지도하는 것이 효과적이다. 쓰기가 미숙한 아이라면 인지주의적 관점에서 쓰기의 가장 기초적인 단계, 즉 베라이터(Bereiter)의 쓰기 능력 발달단계 중 마음속에 떠오르는 생각들을 기록하는 단순 연상적 쓰기[52]인 일기부터 쓰도록 지도하는 것이 좋다.

### ① 일기와 편지 쓰기

일기는 일상을 기록하는 쓰기다. 기록하는 습관은 생각을 정리하게 해 주며 생각하는 힘을 길러 준다. 러시아의 대문호 톨스토이는 63년간 하루도 빠짐없이 일기를 썼다고 한다. 아직 아이가 문법과 어휘 지식이 부족한 상황이라도 특별한 형식 없이 하루의 일과를 자유롭게 기록하는 일기부터 꾸준히 쓸 수 있도록 격려해 주자. 일상생활의 경험을 바탕으로 자기 생각과 느낌을 표현하는 글을 매일매일 짧게라도 쓰다 보면 글쓰기에 익숙해진다.

아이가 일기에 익숙하지 않다면 처음에는 가족이 공유하는 일기장을 만드는 것이 좋다. 가족 구성원끼리 요일을 정하거나 주제를 통일하여 일기를 쓰는 것이다. 요일을 정하면 가족들이 특정 요일에 어떤 하루를 보내는지 구체적으로 알 수 있다. 만약 아이가 오늘은 뭘 써야 할지 몰라 힘들어한다면, 아이와 함께 하루 동안 있었던 일들을 되돌아보는 대화를 나누면서 쓸 거리를 만들어 주자. 분량이 중요한 것이 아니므로 짧게 써도 좋다. 주제를 통일하면, 똑같은 경험을 할지라도 생각과 느낌은 각자 다를 수 있다는 것을 자연스레 배우게 된다. '주말 동안 우리 가족이 한 일'이나 '이번 주 가장 맛있었던 저녁 반찬', '이번 주 가장 기억에 남는 순간' 등의 주제로 일기를 쓰는 것이다. 가족 일기장은 일기를 어떻게 써야 하는지 잘 몰라 막막한 아이가 부모의 일기를 보며 쓰기를 배우게 되는 좋은 방법이다. 또, 가족끼리 평소에는 잘 하지 않는 감정 및 생각 나눔,

나에 관한 이야기들을 글을 통해 풀어낼 수 있으므로 서로에 대한 이해가 더 깊어진다. 무엇보다 아이는 가족 일기장을 통해 일기 쓰기를 기다리게 된다. 쓰기에 재미를 붙이게 되는 것이다.

아이가 일기에 익숙해졌다면 가족 일기장과 아이 개인 일기장을 분리하자. 가족 일기장은 공유되는 것이므로 아이가 자신의 깊은 속마음을 다 표현하기 힘들다. 아이가 개인 일기장을 갖게 되면, 부모는 아이의 사생활을 존중하며 아이의 일기장을 함부로 보지 말아야 한다. 하지만 아이가 허락한다면 문장과 문장의 연결이 자연스러운지에 초점을 맞춰 글에 대한 피드백만 간단히 주도록 한다.

일기 이외에도 가족이나 친구 등 친숙한 사람들에게 편지를 써 보는 것도 쓰기 능력을 키우는 데 많은 도움이 된다. 편지는 다른 어떤 유형의 글쓰기보다 글을 읽게 될 독자를 가장 많이 생각하게 되는 글쓰기다. 한 문장 한 문장 쓸 때마다 편지를 읽게 될 독자를 떠올리고 독자의 마음을 헤아리기 때문에, 타인의 감정을 읽는 공감 능력을 키우는 데도 도움이 된다.

만약 아이가 길게 편지 쓰는 것을 부담스러워 한다면 작은 카드나 엽서에 짧게 쓰는 것도 괜찮다. 꼭 생일이나 기념일 등 특별한 날이 아니어도 좋다. 글을 통해 진심을 나누는 경험을 통해 글쓰기의 기쁨을 느끼게 하는 것이 중요하다.

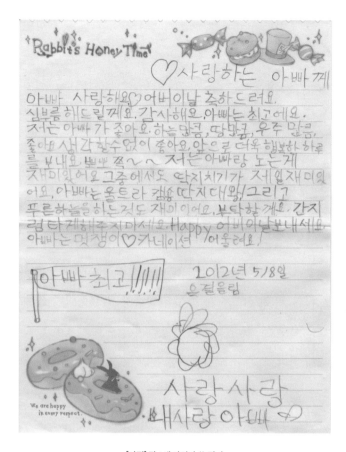

[사진] 만 6세 아이가 쓴 편지

② 리딩로그 쓰기

미국의 많은 초등학생들은 매일 리딩로그(Reading Log)를 작성한다. 리딩로그란 일종의 독서록인데 읽은 책의 제목, 작가, 읽은 분량을 표시하고 간단히 소감이나 느낌을 쓰는 형태의 기록이다. 우리나라 초등학교에서도 독서록 작성을 권장하긴 하지만, 대부분 책을 끝까지 다 읽고 주인공에게 편지 쓰기, 가장 인상 깊은 장면을 그림으로 그리고 내 생각 쓰기 등 독후 활동의 형태를 띠고 있다. 반면 미국에서 많이 사용하는 리딩로그는 그날 읽은 책의 분량만큼 매일 기록하는 데 의의를 둔다. 오늘 읽은 부분의 쪽수를 기록하고, 읽은 부분에서 가장 인상적인 부분이나 느낀 점을 한두 줄로 간단히 기록하는 단순한 메모 형태다. 익숙해지면 10분 내외로 작성할 수 있으므로 일반적인 독서록에 비하여 매일 쓰기에 적합하다.

리딩로그는 쉽고 단순하지만, 아이에게 마법과 같은 쓰기 능력을 선물한다. 써야 하는 내용이 많거나 어려우면 아이는 거부감을 느끼게 된다. 흔히 사용하는 독서 감상문용 워크북이나 줄이 빼곡한 공책을 보면 아이는 그 넓은 공간을 무엇으로 채워야 할지 걱정부터 하게 된다. 하지만 리딩로그는 길게 쓰지 않는 것이 핵심이다. 밥을 먹으면 양치하듯, 책을 읽으면 메모하는 습관을 기르는 데 초점을 맞추어야 한다.

### 1단계 리딩로그

1단계 리딩로그는 가장 기본적인 리딩로그의 틀이다. 책을 읽고 아이는 오늘 읽은 내용에서 가장 기억에 남는 한 줄을 찾아 따라 쓴다. 그리고 읽은 내용과 관련하여 느낀 점을 간단히 기록한다.

인상 깊은 한 줄 쓰기는 일종의 필사다. 필사를 통하여 아이는 맞춤법을 교정하게 되고, 어휘력 및 문장력을 향상시킨다. 또, 가장

초등 공부, 언어지능이 답이다

인상 깊은 한 줄을 찾기 위해 다시 책을 열고 책장을 넘기며 오늘 읽은 내용을 재차 확인하고 생각하는 과정을 갖게 된다. 내 생각 한 줄 쓰기는 감정 표현을 연습하기에 매우 좋은 방법이다. 대부분의 아이들은 '재미있었다'나 '좋았다' 등 단순하게 표현한다. 이때 무엇이 특히 재미있었고, 어떤 부분이 좋았는지를 써 볼 수 있도록 부모가 도와주면 좋다. 아이가 1단계 리딩로그에 익숙해졌다면 조금 더 나아가서 '여러 가지 감정 표현을 사용하여 써 보기', '의성어나 의태어를 넣어 써 보기' 등 조금씩 변형 미션을 주는 것이 좋다. 이때 아이가 쓴 리딩로그를 읽고 "뭐가 재미있었어? 다음에는 좀 자세히 써 봐"라고 다그치듯 이야기한다든가 "너는 왜 항상 재미있었다고만 하니? 다른 표현도 사용해 봐"라고 잔소리하는 것은 금물이다.

| 날짜 | 제목 | 인상 깊은 한 줄 / 내 생각 한 줄 | | 읽은 쪽수 |
|---|---|---|---|---|
| 10/24 | 《15소년 표류기》 | 인상 깊은 한 줄 | "우린 살았어, 브리앙! 고든! 하느님 감사합니다." | 7-27 |
| | | 내 생각 한 줄 | 소년들이 폭풍우 때문에 위험했지만 죽지 않고 살아서 기뻤다. | |

[표] 1단계 리딩로그

아이의 쓰기 표현력을 늘리기 위해서는 일주일에 한 번 정도 부모가 리딩로그를 읽고 댓글을 달아 주는 것이 좋다. 예를 들면 다음과 같다.

《15소년 표류기》를 열심히 읽었구나. 엄마도 어릴 때 굉장히 재미있게 읽었던 책이라 ○○가 쓴 리딩로그를 보니 정말 반가웠어. 소년들이 폭풍우에 떠내려갈까 봐 걱정하며 읽었구나. 책을 집중해서 잘 읽고 글로 멋지게 정리했네. 정말 자랑스러워. ○○야, 이번 주에는 엄마가 미션을 하나 줄게. 최대한 다양한 감정 표현을 넣어서 내 생각 한 줄을 써 보면 어떨까? 글이 훨씬 재미있어질 것 같아. ○○의 리딩로그가 얼마나 다채로워질지 너무 기대돼. 미션을 완성하면 같이 아이스크림 먹으러 가자.

이렇게 댓글을 리딩로그 여백에 써도 좋고 붙임 쪽지를 활용해도 좋다. 이왕이면 문구점에서 파는 칭찬 도장을 여러 개 구입하여 도장도 같이 찍어 주는 것을 추천한다. 숙제 검사가 아니라 아이와 소통하는 댓글임을 유의해야 한다. 아이의 매일 쓰기 기록을 엄마와 아이의 쓰기 능력 성장 노트로 활용할 수 있는 좋은 방법이기 때문이다. 시간이 지날수록 아이는 부모의 칭찬과 사랑이 가득 담긴 코멘트를 확인하고 기뻐하며 더 발전된 쓰기 실력을 자랑하려 할 것이다.

| | |
|---|---|
| 다양한 감정 표현 활용하기 | 기대된다, 뿌듯하다, 애석하다, 뛸 듯이 기쁘다, 슬프다, 애처롭다, 긴장된다, 자랑스럽다… |
| 의성어와 의태어 활용하기 | 아삭아삭, 졸졸, 쾅쾅, 철썩철썩, 풍덩, 쩝쩝, 구불구불, 살금살금, 간질간질, 꼼지락꼼지락… |
| 색깔을 나타내는 단어 활용하기 | 새빨간, 붉은, 시퍼런, 푸르스름한, 샛노란, 누리끼리한, 칠흑 같은… |

[표] 내 생각 한 줄 변형 미션 예시

## 2단계 리딩로그

다음은 2단계 리딩로그다. 기본 리딩로그 틀에 '간추리기'가 추가되었다. 간추리기 한 줄은 그날 읽은 책 내용을 한 줄로 요약해서 쓰는 것을 말한다. 읽은 부분의 중심 내용을 찾아 문장 한 줄에 집약시켜 표현해야 하므로 고난도의 읽기, 쓰기 능력을 요구한다. 처음 간추리기를 해 보는 아이들은 무엇을 써야 할지 난감해할 수도 있다. 이때, '읽은 책에서 중요하다고 생각하는 문장들에 밑줄 긋기 → 밑줄 그은 문장에서 가장 중요하다고 생각하는 문장을 하나 고르기 → 고른 문장을 따라 쓰기' 단계로 시작할 수 있다. 조금 익숙해지면 '읽은 책에서 중요하다고 생각하는 문장들에 밑줄 긋기 → 밑줄 그은 문장을 합쳐서 하나의 문장으로 표현하기'를 하며 요약을 연습할 수 있다. 만약 아이가 책에 줄을 긋거나 중요 문장 따라 쓰기를 귀찮아하거나 어려워한다면 아이가 생각하는 주요 내용을 아이의 언어로 표현할 수 있게 격려해 주는 것이 좋다. 중요한 것은 빠짐없이 매일 반복하여 리딩로그를 쓰는 것 자체다. 아이에게 부담 없는 쓰기 루틴을 만들어 주면 요약 능력과 표현 능력은 저절로 향상될 것이다.

| 날짜 | 제목 | 인상 깊은 한 줄/ 내 생각 한 줄 | | 읽은 쪽수 |
|---|---|---|---|---|
| 10/24 | 《15소년 표류기》 | 인상 깊은 한 줄 | "우린 살았어, 브리앙! 고든! 하느님 감사합니다.' | 7-27 |
| | | 간추리기 한 줄 | 슬라우기호에 탄 소년들이 바다에서 폭풍우를 만나서 무인도에 가게 된다. | |
| | | 내 생각 한 줄 | 소년들이 폭풍우 때문에 위험했을 때는 심장이 콩닥콩닥 긴장되었는데 죽지 않고 살아서 안심이 되고 뛸 듯이 기뻤다. | |

[표] 2단계 리딩로그

### 3단계 리딩로그

3단계 리딩로그는 가족이 공유하는 형태의 리딩로그다. 부모가 아이와 함께 리딩로그를 쓰며 서로의 감정과 생각을 공유할 수 있고, 동시에 쓰기 능력도 향상된다. 부모가 아이에게, 아이가 부모에게 서로 댓글을 달면서 의사소통하는 형태다. 만약 부모가 책 읽어 주기를 했다면 읽었던 부분에 대한 부모와 아이의 생각이 같을 수도 있고 다를 수도 있으므로 서로의 글을 읽어 보며 생각의 공통점과 차이점을 확인할 수 있다. 또, 서로의 리딩로그를 읽다가 궁금한 점은 댓글을 통해 자유롭게 질문하고 답함으로써 리딩로그를 의

초등 공부, 언어지능이 답이다

사소통의 창구로 활용하고 나아가 가족 화합의 도구로 이용할 수도 있다. 만약 부모가 리딩로그를 매일 쓰기 힘들다면 부모는 일주일에 한 번, 아이는 일주일에 서너 번 정도의 빈도로 써도 좋다. 아이에게 형제가 있다면 형제끼리 리딩로그를 공유하여, 서로의 생각을 확인하고 사고를 확장할 수 있다.

[표] 3단계 리딩로그는 가족 리딩로그의 예이다. 표의 윗부분은 필자의 아이가, 아래 이탤릭체로 쓰인 부분은 필자가 쓴 리딩로그다. 필자가 아이에게 7쪽 분량의 책을 읽어 주고 아이와 필자가 차례로 리딩로그를 작성하였다. 똑같은 책, 똑같은 내용을 읽었으나 인상 깊었던 부분과 자기 생각을 표현한 부분이 확연히 다르다. 아이와 엄마가 가진 배경지식, 관심 및 흥미에 따라 독서 기록도 달라진 것이다. 필자는 아이의 독서 기록을 읽고 앞으로의 내용을 예상하는 질문을 댓글로 달았다. 아이는 엄마의 글을 읽으며 요약하는 방법을 자연스레 익히게 되었다. 또, 가족이 공유하여 함께 쓰면 아이는 평소 관심을 두지 않았던 부분까지 읽고 댓글을 통해 생각을 표현해야 하므로 사고가 폭넓게 확장된다.

가정에 아이가 여럿이라면 아이들끼리 리딩로그를 공유할 수 있도록 하는 것이 좋다. 리딩로그는 간단한 워드 작업으로 부모가 직접 만들 수 있다. 예를 들어 한 쪽에 5개씩 일주일 동안 쓸 분량의 리딩로그를 넣고, 양면 복사하여 3개월에서 6개월 분량을 책처럼 만들어 준다. 겉표지는 아이들이 직접 꾸밀 수 있도록 하고 가족

| 날짜 | 제목 | 인상 깊은 한 줄 / 내 생각 한 줄 | | 읽은 쪽수 |
|---|---|---|---|---|
| 8/23 | 《치약으로 백만장자 되기》 | 인상 깊은 한 줄 | 루퍼스가 나온 <조 스마일리 쇼>가 방송되고 사흘 만에 치약 주문을 689건이나 받았어. | 40-46 |
| | | 간추리기 한 줄 | 루퍼스가 쇼에 나갔다. | |
| | | 내 생각 한 줄 | 루퍼스가 부자가 될 것 같다. | |
| 8/23 | 《치약으로 백만장자 되기》 | 인상 깊은 한 줄 | 노예 제도가 있던 시대에는 흑인들이 이 백인 주인의 성을 따랐다지 뭐야. | 40-46 |
| | | 간추리기 한 줄 | 치약 사업을 본격적으로 시작한 루퍼스는 친구의 도움을 받아 <조 스마일리 쇼>에 나가고 치약을 홍보하였다. | |
| | | 내 생각 한 줄 | 할머니의 역사와 이야기를 잘 알고 있는 루퍼스가 기특하고 대견해보였어. | |

정리를 진짜 잘했다. 루퍼스가 앞으로 치약을 더 많이 팔 수 있을 것 같아? 어떻게 하면 치약을 더 팔 수 있을까?

엄마는 간추리기를 진짜 잘해. 우리 할머니는 노예가 아니라 다행이야.

**[표] 3단계 리딩로그: 가족 리딩로그**

이 모두 볼 수 있는 곳, 쉽게 손이 닿는 곳에 둔다. 식탁 위, 거실 탁자 위처럼 굳이 애써 찾지 않아도 눈에 보이는 장소가 좋다. 아이가 리딩로그를 쓰는 것이 '일'이나 '공부'라고 느껴지지 않게, 아주 쉽고 간단한 일상 중 하나라고 느껴지게 만드는 것이다.

두세 문장일 뿐이지만 매일 써 본 아이의 문장 구성력은 1~2년 안에 눈에 띄게 향상된다. 한 줄 필사는 아이의 어휘력을 향상시키고, 요약하기는 글의 핵심 내용 파악 능력 그리고 문장 구성 능력을 향상시킨다. 자기 생각을 한 줄씩 쓰며 사고를 촉진하고, 읽은 내용

초등 공부, 언어지능이 답이다

을 내면화하여 글로 재생산하는 능력도 갖추게 된다. 리딩로그는 간단하고 쉬운 방법이지만 튼튼한 쓰기 능력의 기초를 만들어 주는 마법과 같은 언어능력 향상 프로그램이다.

### ③ 감상문 쓰기

일기와 편지 쓰기, 매일 리딩로그를 통해 글을 쓰는 게 어느 정도 익숙해지고 문법과 어휘 등 언어 구조에 관한 지식도 쌓이기 시작한다면, 그다음으로는 일기나 편지보다 형식적이면서 써야 할 주제에 관한 내용 지식도 필요한 감상문을 써 보도록 한다. 책을 읽고 난 후나 음악을 감상한 후, 또는 연극이나 영화를 보고 난 후 자신의 느낌과 생각 등을 글로 써 보는 것이다. 특히, 책을 읽고 자신만의 언어로 감상과 생각을 표현하는 독후감은 아이의 문해력 향상에 도움이 될 뿐만 아니라, 이후 논리적인 글쓰기의 바탕이 되는 논리적 사고력 발달의 시발점이 된다.

독후감을 쓸 때는 이 책을 고르게 된 동기, 책의 핵심 내용, 책에서 가장 인상 깊었던 문장과 그 이유, 책을 읽고 난 후의 느낌과 깨달음, 발전된 생각과 결심 등을 아이 자신이 경험한 일이나 가족, 친구 등 자기 주변 사람들의 행동과 연결 지어 써 보도록 한다. 그리고 부모는 틈틈이 아이에게 "주인공은 왜 이런 행동을 했을까?", "네가 만약 주인공이었다면 이런 상황에서는 어떻게 했을 것 같아?"와 같이 아이의 생각을 구체적이면서도 풍부하게 끌어낼 수 있는 질문을 던지면서 사고력도 함께 키워 보자. 이후 아이가 쓴 독후감을 읽고 피드백할 때는, 문장과 문장의 연결과 단락과 단락의 연결이 형식적으로뿐만 아니라 내용상으로도 자연스러운지 점검해 보도록 한다.

④ 논리적인 글쓰기

이렇게 감상문을 통해 아이가 글을 쓸 때 필요한 형식적인 지식과 내용적인 지식을 쌓기 시작했다면, 이제 글의 내용뿐만 아니라 사회문화적 맥락을 함께 고려하며 글의 구조와 전개에 관한 지식을 활용해야 하는 논리적인 글쓰기를 해 보도록 하자. 근데 여기서 중요한 점이 있다. 논설문과 같이 자신의 견해와 주장을 논리적으로 표현하는 글을 쓰려면 무엇보다 논리적 사고력이 뒷받침되어야 한다는 것이다. 사고는 논리적이지 못한데 논리적인 글쓰기의 형식과 방법만 배워서 글을 쓰는 것은 모래 위에 집을 짓는 것과 다름이 없다. 논리적인 사고를 토대로 논리적인 글을 써야 진정으로 사고력도 확장되고 쓰기 능력도 높아지는 것이다.

요즘은 논술과 제시문 면접시험처럼 대학 입시에서도 논리적 사고력이 당락을 결정하는 매우 중요한 요인이어서, 초등학교 저학년 때부터 아이를 논술 학원에 보내는 부모들이 많아지고 있다. 물론 사교육을 통해 논리적 사고력을 키우는 것도 그 나름의 효과는 있지만, 한 가지 명심할 것이 있다. 아이의 논리력을 가장 잘 키울 수 있는 곳은 가정이고, 가장 잘 키울 수 있는 사람은 부모라는 것이다. 즉, 가정에서 매일매일 부모와의 대화를 통해 논리력을 차근차근 쌓아 가는 것이 아이의 논리력을 키우는 가장 효과적인 방법이다. 그리고 그 방법은 의외로 쉽고 간단하다. 엄마 아빠가 하루에 한 번씩은 아이의 생각을 묻는 "왜 그렇게 생각하니?", "그래서?"라는 질문을 던지는 것이다. 예를 들어 아이가 "엄마! 나 오늘 다연이랑 놀이터에서 놀고 싶어요"라고 하면 "왜 다연이랑 놀고 싶은데? 지은이랑은 놀고 싶지 않아?"라든가 "엄마! 나 A책 읽고 싶어요." 하면 "왜 A책을 읽고 싶은데? B책은 읽고 싶지 않아?" 등 '왜?'라는 질문을 자연스럽게 던지면서 아이가 자기의 생각을 논리적으로 설명하게 끔 유도하는 것이다.

이러한 부모의 질문에 아이가 '왜냐하면'으로 답변을 시작하도록 가르쳐 주는 것이 좋다. '왜냐하면'은 논리력을 키워 주는 힘을 가진 단어다. 아이가 논리력이 갖춰지지 않았을 때는 "왜?"라는 질문에 "그냥, 잘 모르겠어"라고 대답한다. 그러나 '왜냐하면'을 거듭할수록 아이는 생각하며 대답하게 되고, 인과관계의 중요성과 설득의 방법을 깨닫게 된다. 이렇게 가정에서 부모가 아이에게 질문을 꾸준하게 던지게 되면, 아이의 사고 체계는 점점 논리적으로 바뀌게 된다. 거듭 강조하지만, 생각이 논리적이어야 글도 논리적으로 쓸 수 있다.

일상에서 부모와의 대화를 통해 아이가 논리적으로 생각하는 힘이 생겼다면, 이제 본격적으로 논리적인 글을 써 보자. 논리적인 글의 가장 기본적인 5단계는 다음과 같다. 첫 번째, 논쟁거리를 간략하게 쓴다. 두 번째, 자신의 주장을 쓴다. 세 번째, 자신의 주장을 뒷받침하는 이유와 근거를 쓴다. 네 번째, 주장을 뒷받침하는 이유와 근거의 구체적인 사례를 쓴다. 다섯 번째, 앞의 네 단계를 기반으로 결론을 도출한다. 이러한 글쓰기의 핵심은 자신의 주장 자체가 아니다. 자신의 주장을 뒷받침하는 이유와 근거를 얼마나 논리적으로 전개하느냐이다. 근거는 사실에 기반해야 하며 그 근거를 뒷받침할 수 있는 사례는 구체적일수록 좋다.

| 단계 | 내용 | 예시 |
|---|---|---|
| 1 | 논쟁거리 | 수학 학원에 계속 다니라는 엄마와 매일 싸운다. |
| 2 | 주장 | 수학 학원에 다니지 않고 앞으론 혼자 공부하겠다. |
| 3 | 이유와 근거 | 수학 학원을 안 다니고 학습지만 풀었던 지난 학기 성적이 더 좋았다. |
| 4 | 사례 | 반에서 수학을 제일 잘하는 아이도 학원을 안 다니고 학습지만 푼다. |
| 5 | 결론 | 수학 학원에 안 다니고 학습지만 풀어도 수학을 잘할 수 있다. |

[표] 논리적인 글쓰기 5단계 절차

　　미국 유학 첫 학기가 시작한 지 불과 며칠 지나지 않아 크게 깨달은 것이 두 가지 있었다. 첫째, 미국 대학원은 학생들에게 어마어마한 양의 읽기 과제를 부여한다는 것, 둘째, 학위를 성공적으로 따내기 위해서는 대학원생의 글쓰기 역량이 매우 숭요하다는 것이나. GRE 시험에서 상냥히 좋은 점수를 받았던 나는 꽤 자신 있게 학기를 시작했으나 태산 같은 읽기 과제와 끊임없이 몰아치는 글쓰기 과제에 정신을 못 차릴 정도였다. 그러던 중 과제를 제출한 지 얼마 지나지 않아 교수님이 따로 나를 호출하셨다. "네 페이퍼를 읽어 보았는데, 무슨 말을 하고 싶은지 정확히 이해가 안 되는구나. 설명해 줄래?" 교수님은 내가 낸 과제물을 한 줄씩 읽으시며 하나하나 설명을 요구하셨다. 교수님께서 한낱 석사과정 학생이 쓴 내용을 이해 못 하실 리는 없었겠으나 내 영어 실력과 글쓰기 실력이 내용 전달도 못 할 만큼 엉망이었기에 글쓰기의 중요성을 깨닫게 하기 위한 시간이었으리라 생각한다. 교수님께서는 글을 쓸 때 '이 문장과 다음 문장 사이에 연결이 매끄럽게 되나?'를 놓고 고민하다 밤을 새운 적이 있다고 하셨다. 그 후 알게 된 것은 글은 명확해야 한다는 것이다. 특히, 학교나 직장에서 요구하는 논리적 글쓰기는 처음부터 끝까지 하나의 맥락을 중심으로 독자(주로 교수나 상사)에게 정확하게 전달하는 것을 목적으로 해야 한다. 굳이 멋 내는 글을 쓸 필요가 없다. 멋지고 아름다운 글은 시인이나 소설가가 쓰는 글로 충분하다. 추상적이고 불명확한 글은 독자를 혼란에 빠트린다.

　　미국은 글을 평가할 때 '내용을 얼마나 분명하게 전달하고 있는지'를 중요한 기준으로 여긴다. 초등학교에서는 장기 프로젝트로 일 년 동안 글을 쓰는 활동을 하며 글쓰기를 독려한다. 학부나 대학원에서는 글쓰기 수업을 의무화하여 모든 학생이 높은 수준의 글쓰기를 할 수 있도록 학교 차원에서 도움을 준다. 대학마다 있는 라이팅 센터는 영문학을 전공하는 대학원생들이 항상 근무 중이다. 과제물을 제출하기 전 쓰기 첨삭을 받고 싶다면 도움을 받을 수도 있다. 나는 첫 학기에 라이팅 때문에 망신당한 후 항상 모든 과제를 일주일 전에 끝내는 습관을 들였다. 제출일까지 남은 일주일 동안 라이팅 센터에서 계속 교정을 받으며 글을 다듬어 나갔다. 처음에는 페이퍼 하나에 2~3일씩 걸려서 매일 라이팅 센터에 출근하다시피 했으나 학기가 지날수록 라이팅 센터의 도움을 덜 받아도 될 만큼 글쓰기 실력이 향상되었다. 졸업을 앞둔 학기에는 첫 학기에 나를 부르셨던 교수님 수업을 다시 듣게 되었는데, 교수님께서는 향상된 내 글쓰기 실력을 보고 크게 기뻐하며 뿌듯해하셨다. 미국에서 배운 글쓰기 방법은 이것이다. 간단, 명확, 연결!

- Michelle Park | 미국 대학원 유학생

# 3.
# '언덕 나무 심기'를 활용한
# 창의적 글쓰기

아이가 논리적으로 글을 쓸 수 있다면, 이제 창의적인 글쓰기에 도전해 보자. 마인드맵을 활용하면 글에 어떤 내용이 들어가야 할지 추릴 수 있게 되어 글의 짜임새가 높아진다. 마인드맵을 활용할 때는 마인드맵에 넣은 단어들을 전부 사용해 글을 쓰는 것이 아니라, 유기적인 글을 구성하기 위해 주제에 맞는 단어를 골라 통일성을 강화하는 과정이 필요하다.

'크리스마스에 (   )이 내린다면?'이라는 제목으로 글을 쓴다고 가정해 보자. 아이는 괄호에 넣을 단어로 '눈', '선물', '트리', '비', '눈사람' 등을 떠올릴 수 있다. 그러면 이렇게 떠올린 단어 중에 하나를 마인드맵의 주제로 선택한다. 예를 들어 아이가 '트리'라는 단어를 마인드맵의 주제로 선택한다면, '나무', '숲', '공기'와 같이 트리로부터 연상되는 생각을 자유롭게 연결해 나가는 것이다.

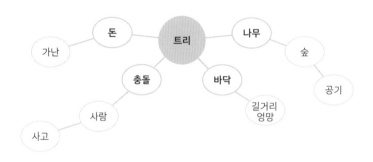

[그림] '트리' 마인드맵

마인드맵을 활용해 글쓰기에 필요한 어휘들을 골랐다면, 이제 '언덕 나무 심기' 활동으로 창의적인 글을 써 보자. 언덕 나무 심기는 퓰리처상 심사위원이자 오리건주립대학교 종신교수인 잭 하트(Jack Hart)가 말한 '내러티브 포물선'을 수정 응용한 것이다. 잭 하트는 그의 저서《퓰리처 글쓰기 수업》에서 내러티브 포물선은 발단, 상승, 위기, 절정, 하강, 다섯 개의 구간으로 나뉘며, 작가는 각 구간에 플롯 전환점들을 촘촘하게 짜 놓음으로써 이야기의 완성도를 높일 수 있다고 하였다.[53]

이 책에서는 포물선 대신 낮은 언덕을 그린 후 언덕 위에 나무 심는 활동으로 이야기를 구성하는 방법을 소개한다. 언덕은 글 전체, 나무는 이야기 속 사건들이다. 첫 나무에는 등장인물 및 배경 나

초등 공부, 언어지능이 답이다

무, 마지막 나무는 이야기의 결론 나무다. 언덕에서 가장 높은 부분은 글의 핵심이자 글이 고조에 이르는 부분이다.

글을 쓰기 전 아이는 동그란 언덕을 그리고 사건과 문제라는 나무를 언덕 위에 심음으로써 글을 어떻게 시작하고, 어떻게 마무리할 것인지, 글이 고조되는 부분에서는 어떤 내용을 쓸 것인지 미리 정해놓을 수 있다. 핵심 단어를 시각화하여 글의 구성을 짠다는 점에서 마인드맵과 공통점이 있지만, 언덕 나무 심기 활동에 심은 단어 나무는 주제를 중심으로 자유분방하게 열거된 단어가 아닌 이야기의 흐름 속 핵심 단어이므로 언덕 위 단어 나무의 위치가 중요하다.

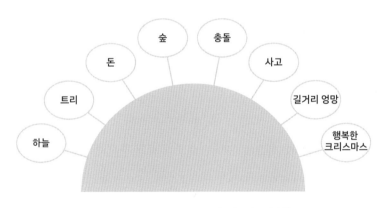

[그림] '크리스마스에 트리가 내린다면?' 언덕 나무 심기 활동

언덕 나무 심기는 글의 맥락을 만들어 주고 탄탄한 틀을 제공한다. 마인드맵 예시처럼 '크리스마스에 트리가 내린다면?'이라는 주제로 글을 쓰기로 했다면, 다음과 같은 언덕 나무 심기 활동을 할 수

있다. 언덕 모양의 반원을 그린 후 나무를 심듯, 글의 핵심 단어나 문장을 시간의 흐름 또는 사건의 흐름대로 반원 위에 표시하는 것이다.

이처럼 글을 쓰기 전 글의 핵심 어휘를 언덕에 표시하면 글쓰기가 더 이상 어렵거나 두렵지 않다. 한 가지 주의할 점은, 이 활동을 숙제처럼 그저 칸을 채우는 식으로 하면 안 된다는 것이다. 그렇게 하면 글을 쓰기도 전에 지겨워진다. 언덕 나무 심기 활동을 할 때는 그냥 이면지나 스케치북에 언덕을 그려 보자. 언덕의 각도도 아이가 정하고 나무의 개수도 아이가 정한다. 더 자세한 언덕 나무 심기 활동은 뒤의 [우리 집 책 놀이]에서 설명하도록 하겠다. 다음 글은 가정에서 부모와 함께 마인드맵 작성과 언덕 나무 심기 활동을 오랫동안 해 온 서울대도초등학교 4학년 박윤우 군이 쓴 글이다.

### 크리스마스에 (트리)가 내린다면?

만약에 크리스마스에 아주 예쁘고 멋지게 장식된 크리스마스트리가 하늘에서 눈처럼 후두둑후두둑 내린다면 정말 좋을 것이다. 첫 번째 이유는 하늘에서 크리스마스트리가 내리면 크리스천 중 돈이 없어 집에 트리가 없는 사람들은 트리를 따로 사지 않아도 되기 때문이다. 하늘에서 내리는 트리를 하나 가지고 와 집에 두기만 하면 된다. 또, 만약 진짜 전나무 트리가 떨어진다면 몇 년 뒤에는 울창한 숲이 생길 것이기 때문이다.

숲이 많이 생기면 공기도 좋아진다. 하지만 좋은 점이 많으면 나쁜 점도 있는 법. 트리가 하늘에서 떨어져 사람과 충돌한다면 큰 사고로 이어질 수도 있다. 또 트리가 바닥에 부딪혀 부서지면 길거리가 엉망이 돼 사람이 이동하는 데에 큰 불편함을 줄 수도 있다. 이러한 이유에도 내가 크리스마스에 트리가 내리면 좋겠다고 생각한 가장 큰 이유는 크리스마스에는 트리가 중요하기 때문이다. 하늘에서 내리는 예쁜 트리를 다 가져가서 어느 집이나 가족과 함께 크리스마스를 잘 지냈으면 좋겠다.

## 4.
# 쓰기 능력을 키우는
# 하루의 활동

 

예전에는 글쓰기에 있어서 한 편의 완성된 글을 만들어 내는 결과에 초점을 뒀다. 그래서 학교뿐만 아니라 가정에서도 아이들의 글쓰기를 지도할 때 맞춤법과 띄어쓰기의 정확성뿐만 아니라, 문법적으로나 어휘적으로도 오류가 없는 정확하고 짜임새 있는 글을 쓸 것을 강조하였다. 그러나 쓰기는 글쓴이의 배경지식과 경험을 활용하여 내용을 생성하고 이 내용을 문자언어로 표현하는 창조적이며 인지적인 과정이다. 글을 쓰기 위해 거쳐야 하는 이러한 과정을 생각해 본다면, 글의 내용을 만들어 내기 위해 글을 쓰기 전 충분히 아이디어를 구상하고 글의 개요를 짜며 관련 자료를 수집하는 과정들도 중요한 것이다. 그뿐만 아니라, 실제로 글을 쓸 때

**초등 공부, 언어지능이 답이다**

도 주변의 간섭을 배제하고 혼자 조용히 글을 쓰는 것보다 부모나 선생님의 피드백을 받으면서 글을 계속 수정하고 보완하는 순환적 과정을 통해 지식을 확장해 가는 것이 더 효과적이다. 따라서 아이의 쓰기 능력을 키우는 활동을 할 때는 쓰기 전 활동, 쓰기 중 활동, 쓰기 후 활동으로 나누어 단계적으로 진행해 보도록 하자.[54] [55]

### ① 쓰기 전 활동

쓰기 전 활동은 본격적으로 글을 쓰기에 앞서, 어떤 주제의 글을 어떻게 쓸 것인지 고민하고 관련된 자료들을 찾아보며 글의 목차나 개요 등을 작성해 보는 활동이다. 이 단계에서 부모는 아이와 함께 아이디어를 구상하고 쓸 내용에 대한 의견을 나누면서 아이의 배경지식을 활성화할 수 있다. 실제로 글쓰기 활동에서는 배경지식, 즉 스키마가 중요한 역할을 한다. 아이는 글을 쓰면서 수시로 자신이 이전부터 갖고 있었던 지식인 스키마와 쓸 내용을 관련 짓게 되고, 또 이전에 형성된 맥락적 지식을 회상하며 기존 경험과 지식을 이용하여 인지적 연상 활동을 한다. 즉, 글을 쓸 때 자신의 기억 속에 쌓인 지식의 구조인 스키마를 활용하게 되는데, 이 스키마는 부모와의 상호작용으로 새롭게 획득한 지식을 통해서도 계속 확장된다. 또한, 부모는 쓰기 전 활동에서 아이가 쓰고자 하는 글의 주제나 구성, 전개 방식 등이 적절한지 피드백을 주고 아이가 글의 아이디어를 잘 조직할 수 있도록 안내하는 것이 좋다.[56]

② 쓰기 중 활동

쓰기 중 활동은 쓰기 전 단계에서 준비한 자료 등을 바탕으로 본격적으로 자기 생각을 글로 표현하며 글을 직접 작성하는 활동이다. 이때 부모는 아이가 우선은 글의 형식적인 면보다는 내용적인 면에 집중하여 글을 쓰도록 지도하는 것이 좋다. 글의 일관성과 문단 간의 연결 관계 등에 대해 피드백을 주는 것이다. 그리고 아이가 어느 정도 초안을 완성한 후에는 글에 문법적인 오류가 없는지 형태적 정확성 면에서 피드백을 준다. 이렇게 아이가 피드백을 받아 글을 고치고 또다시 피드백을 받아 글을 또 고치는 과정을 계속하다 보면, 어휘력과 문장 구성력뿐만 아니라 피드백을 받기 전엔 생각지 못했던 새로운 표현과 아이디어를 떠올리는 등 창의력도 높아지게 된다. 즉 순환적이면서도 창의적 글쓰기 과정을 통해 아이의 언어지능과 사고력이 함께 확장되는 것이다.[57]

쓰기 중 활동에서 한 가지 더 기억해야 할 것이 있다. 바로 쓰기 효능감이 쓰기 불안과 밀접한 관계를 맺고 있다는 것이다. 그러므로 아이의 효능감을 높이기 위해서는 무엇보다 부모가 아이의 쓰기 불안을 낮춰 주어야 한다. 즉, 아이의 정서적인 측면도 충분히 고려하여 아이의 자신감을 높여 주고 불안감을 줄여 주는 역할을 해야 한다. 예를 들어, 글을 쓰는 도중 아이가 어려워하는 부분이 있을 때 엄마가 아이에게 "충분히 잘 쓰고 있어!", "이런 표현을 쓸 수 있다니 정말 대단한걸!" 등과 같이 확신과 격려, 긍정적 피드백을 준다면,

아이의 쓰기 불안을 줄이고 효능감을 높이는 데 큰 도움이 된다.

③ 쓰기 후 활동

글을 다 쓴 후에는 부모와 함께 글의 완결성과 정확성을 점검해 보도록 한다. 글의 전개가 자연스러운지, 글의 구조가 논리적인지, 주제에서 벗어나 응집성과 통일성을 해치는 단락은 없는지, 부적절한 어휘를 사용한 문장은 없는지, 문법적인 오류는 없는지, 글의 내용적인 측면과 형식적인 측면을 다시 한 번 살펴보는 것이다. 그런 후 최종적으로 글을 수정 및 보완하도록 한다.[58]

우 리 집 책 놀 이

# 책으로 키우는 쓰기 능력

이 장에서는 [우리 집 책 놀이]를 활용하여 아이의 쓰기 능력을 끌어올리는 몇 가지 방법을 소개하고자 한다. 책을 읽으며 다른 언어 활동과 통합한 글쓰기를 하는 방법, 창의적으로 글을 쓰는 방법에 대해 살펴보도록 하자.

## 1. 쓰기는 통합적 언어 활동의 결과물!

쓰기는 생각한 것을 구조화하여 글로 풀어내는 행위다. 잘 쓰기 위해서는 아이가 쓸 주제에 대해 충분히 생각하는 내면화 과정을 거쳐야 한다. 쓰기 사고를 촉진하기 위한 가장 좋은 방법은 모든 언어능력을 활용할 수 있는 통합 활동을 구성하는 것이다.

[우리 집 책 놀이] 활동을 하며 필자의 아이들은 짧고 간단한 글쓰기를 자주 경험했다. 한두 문장의 짧은 글쓰기는 어린아이들도 비교적 어렵지 않게 해낼 수 있어서 긴 글쓰기의 기초가 되는 쓰기 근육을 다질 수 있다. 짧은 글쓰기는 읽기 중 활동으로 말하기와 함께 구성하거나, 듣기 후 활동으로 읽기와 통합하기도 하였다. 각각의 언어 활동은 개별적으로 작동하는 것이 아니라 밀접하게 연결되어 있으므로 쓰기를 통합 활동의 일부로 구성하면 언어능력을 총체적으로 계발할 수 있다.

### ① 등장인물 성격 파악하여 쓰기

등장인물의 특징과 성격을 파악하는 것은 내용 파악의 핵심이다. 책을 함께 읽으며 등장인물에 관한 이야기를 간단하게라도 하는 것이 좋다. 이때 주인공뿐만 아니라 역할이 작은 등장인물까지 모두 이야깃거리로 등장시키는 것이 좋다. 책에서 조연을 맡은 등장인물의 대사나 행동을 힌트로 그의 뒷이야기나 배경을 상상하면 재미있는 놀이가 될 수 있기 때문이다. 필자의 아이들은 《푸른 사자 와니니》를 읽은 후 등장인물의 특징을 써 보는 활동을 했다. 전지에 각 등장인물의 이름을 자유롭게 쓴 후 생각나는 대로 특징을 적어 보는 것이다. 한 아이가 인물의 특징을 쓰면, 다른 아이가 그것을 읽고 내용을 덧붙이며 이어 쓰는 형식이다.

### 《푸른 사자 와니니》 등장인물의 특징 쓰기 예시

**말라이카** 와니니를 괴롭혔다. 마디바 무리였다. 마디바를 존경한다. 무트가 공격해 다쳤다. 덩치가 크고 힘이 세다. 먹보다.

**아산테** 항상 웃는다. 사자의 명예를 중요하게 생각한다. 무투의 세 아들과 목숨을 걸고 싸웠다. 생각보다 용감하다.

**마디바 할머니** 엄격하다. 약한 사자는 버린다. 버린 사자는 다시 거두지 않는다.

**와니니** 마디바에게 버려진 떠돌이. 마디바 무리의 대장이 된다. 마디바가 대단하다고 생각하지 않는다. 힘이 약하나 무리를 이끈다.

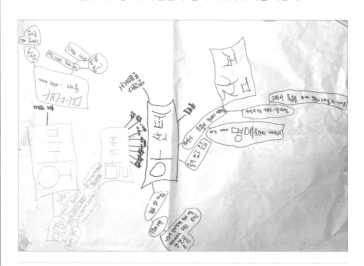

위 활동은 내용 정리에 매우 효과적인 읽기 후 활동이자 쓰기 중 활동이다. 등장인물의 특징을 사실에 기초하여 써야 하나, 아이의 의견도 표현해야 하므로 사실과 의견을 종합한 쓰기를 경험할 수 있다. 다 쓴 후에

쓴 것을 함께 보며 등장인물의 성격과 특징을 돌아가며 말해 보는 것도 좋다. 시간이 넉넉하다면 등장인물의 특징에 맞게 어울리는 그림을 함께 그려 보는 것도 좋다.

### ② 낱말 활용 문장 이어 만들기

필자의 아이들은 책 놀이를 하며 처음 듣는 낱말의 뜻을 유추하며 책 읽기를 하였다. 책을 읽은 후에는 그 낱말을 전지에 적고, 사전을 활용해 각각의 뜻을 찾아 전지에 썼다. 사전의 뜻과 아이들이 처음에 유추했던 낱말의 의미를 비교하며 낱말의 정확한 뜻을 익혔다. 여기서 조금 더 발전시킨 활동인 '돌아가며 한 문장 쓰기'는 아이들이 재미있게 할 수 있는 쓰기 프로그램이다. 활동 방법은 아이와 부모가 서로 돌아가며 새로 익힌 낱말을 넣어 문장을 만드는 것이다. 한 아이가 먼저 문장을 만들면, 다른 아이가 그다음에 이야기가 이어지게끔 문장을 만든다. 모든 낱말이 다 사용될 때까지 문장 만들기를 지속하고, 읽어 봤을 때 문장이 유기적으로 매끄럽게 연결되어야 한다. 아이들이 쓰기에 너무 어려운 낱말은 부모가 문장을 만들어 도와주면 좋다. 아이들은 이 활동을 통해 낱말의 뜻을 정확히 숙지할 수 있고, 문장 쓰기를 연습하며 언어 활용력을 높일 수 있으며, 예상하지 못한 문장 뒤에 인과관계를 고려하여 개연성 높은 새 문장을 연결시켜야 하므로 문장 연결력을 키울 수 있다.

| 《푸른 사자 와니니》에서 새롭게 알게 된 낱말 |
| --- |

*배은망덕한, 앙증맞은, 바오바브나무, 극성맞다, 야윈, 모름지기, 경쾌, 성미, 건기*

| 낱말 활용 문장 이어 만들기 |
| --- |

아이1 옛날에 아주 *배은망덕한* 사자가 살았다.

아이2 이 사자는 *건기*만 되면 새 친구를 사귀었다.

아이1 새 친구를 사귀는 이유는 친구에게 사냥을 시키기 위해서였다.

엄마 친구는 *배은망덕한* 사자의 심부름만 하다 *야위었다*.

아이2 *배은망덕한* 사자는 힘으로 친구를 제압하고 말을 안 들으면 공격했다. 먹이를 받으면서도...

엄마 친구의 도움을 얻고 살면 *모름지기* 고마움을 알아야 하지만 *배은망덕한* 사자는 *성미*가 나빠 그런 것을 몰랐다.

아이1 *배은망덕한* 사자에게는 *극성맞지만* 아주 *앙증맞은* 아들 사자 4마리가 있었다.

아이2 아들 사자들은 아빠와 달리 아주 착해서 아빠의 나쁜 짓을 막으려 했다.

엄마 어떻게 아빠의 나쁜 짓을 막아야 할지 *바오바브나무* 아래서 아들 사자들은 회의를 하기 시작했다.

- 중략 -

\* *이탤릭체:* 새로 익힌 낱말

## 2. 언덕 나무 심기를 활용한 창의적 글쓰기

다음은 아이들과 《꼬들꼬들 마법의 세계 음식책》을 함께 읽으며 다양한 [우리 집 책 놀이] 활동을 한 사례. 책은 주인공 원우와 동찬이가 시간 여행을 하며 음식의 유래를 알아 가는 내용이다. 책에는 만두, 파스타, 퐁듀, 푸아그라, 칠레스앤노가다, 그리고 낫또 등 다양한 세계 음식이

210

등장한다. 책은 음식별로 독립적 장으로 나뉘어 구성되어 있다. 책을 읽으며 필자와 아이들은 이 책의 한 장을 맡아 쓰는 작가가 되는 쓰기 프로젝트를 진행하였다.

다음 표는 [우리 집 책 놀이]의 쓰기 전, 쓰기 중, 쓰기 후 과정을 정리한 것이다.

| 순서 | 쓰기 프로젝트 | 구체적 활동 | 언어지능 구분 | |
|---|---|---|---|---|
| 1 | 책 읽기 | 함께 읽기 | 읽기 중 | 쓰기 전 |
| 2 | 놀이하기 | 책에 나오는 음식을 직접 만들어 보기 | | 쓰기 전 |
| 3 | 말하기 | 음식의 유래와 만드는 방법 설명하기 | | 쓰기 전 |
| 4 | 질문하기와 답하기 | 내 책에 넣을 음식 생각하기 | 읽기 후 | 쓰기 전 |
| 5 | 인물 마인드 맵 그리기 | 등장인물 상상하기 | | 쓰기 중 |
| 6 | 언덕 나무 심기 활동 | 유래를 상상하여 줄거리 만들기 | | 쓰기 중 |
| 7 | 이야기 쓰기 | 음식, 인물, 줄거리를 생각하여 글을 쓰기 | | 쓰기 중 |
| 8 | 고쳐 쓰기 | 고쳐 쓰기 | | 쓰기 후 |

**[표] 창의적 글쓰기 프로젝트**

### ① 책 함께 읽기

《꼬들꼬들 마법의 세계 음식책》은 네 번째 활동 책이므로 아이들의 역할을 늘려 아이들이 듣기뿐 아니라 읽기에도 적극적으로 참여할 수 있도록 하였다. 첫 번째 장은 필자가, 두 번째와 세 번째 장은 아이들이 읽는 형식을 취해 적극적 듣기와 읽기가 이루어질 수 있도록 활동을 구성하였다. 책 읽기를 하며 배경지식 알아보기, 확장하여 책 읽기도 하며 창의적 글쓰기의 기반을 다졌다. 필자의 아이들은 푸아그라 장을 읽으며 이야기의 배경이 되는 이집트에 대한 궁금증을 드러냈다. 아이들은 지구본과 세계 지도에서 이집트를 찾아보며 위치를 확인했다. 또 인터넷을 활용해 이집트의 파라오, 스핑크스, 피라미드에 대해 알아보았다. 고대 파라오가 가진 권력, 이집트의 힘을 이해하기 위하여 고대 역사를 간단히 설명하는 책 《이집트의 파라오, 영원히 살아 있는 소년 투탕카멘》을 함께 읽기도 하였다. 6장에서 언급한 파생 독서가 이루어진 것이다. 책을 읽은 후 쓰기 활동으로 연계할 때는 읽기 중에 많은 이야기를 나누고 배경지식을 쌓아 가며 책을 총체적으로 이해할 수 있도록 하는 것이 중요하다.

### ② 놀이하기: 음식 만들기

책을 읽으며 읽기 중, 읽기 후 활동으로 놀이를 구성하는 것이 좋다. 어린아이들에게 있어 '놀이'란 즐거움을 느낄 수 있는 신체 활동을 의미한다. 따라서 [우리 집 책 놀이]에서 지속해서 강조하고 있는, 전지를 펼쳐 빈 곳을 채우는 활동도 놀이로 간주할 수 있다. 놀이는 읽은 것을 실생활에서 내면화할 수 있는 매우 좋은 읽기 후 활동이며, 사고를 촉진하는 쓰기 전 활동이기도 하다.

필자와 아이들은 《꼬들꼬들 마법의 세계 음식책》을 읽은 후 놀이 활동의 하나로 책에 나오는 음식을 직접 만들어 보기로 하였다. 이 활동의 궁극적 목적은 아이가 음식 만드는 과정을 직접 경험하여 읽기 성취감을 고취하고, 후에 아이가 쓸 글의 밑거름을 만들어 나가는 것이다. 따라서 흥미를 잃을 만큼 만드는 방법이 복잡하거나 어려운 음식은 우선 배제하기로 하였다.

**[사진] 퐁듀를 직접 만들어 보는 아이들**

아이들은 만두와 파스타는 자주 먹는 음식이고, 칠레스앤노가다는 재료가 너무 많이 필요하며, 낫또는 선호하는 맛이 아니라는 이유로 퐁듀를 골랐다. 음식 만들기는 맛있는 음식을 만드는 것이 목표가 아니라 읽기 후, 쓰기 전 놀이 활동으로 아이가 읽은 내용을 확장해 경험하게 하는 것이 목표다. 따라서 준비 과정과 만드는 과정이 간단해야 한다. 만약 아이가 만들어 보고 싶은 음식으로 만두를 골랐다면 시판 만두피에 견과류, 초콜릿 등을 넣어 책에 나오는 것처럼 사람 모양 만두를 만들어 보는 것을 추천한다. 파스타를 골랐다면 간단하게 밀키트를 활용하여 아이와 함께 만들어 보는 것도 좋다. 칠레스앤노가다처럼 낯선 음식에 관심을 보인다면 타코나 부리또에 고추와 석류를 추가하여 한국식 칠레스앤노가다로 변형시키는 것도 괜찮다. 즐겁게 해야 하는 읽기 후, 쓰기 전 놀이 활동인데 만들기 어렵거나 정리 시간이 길어지면 부모부터 하기 싫어지기 때문이다.

과정을 간소화하여 아이와 즐거운 시간을 보내는 것에 초점을 맞추는 것도 좋다. 필자와 아이들은 치즈, 빵, 고기를 준비해 퐁듀를 만들었는데 마치 책에 나온 스위스 사냥꾼이 된 것처럼 흉내를 내며 만들었다. "날씨가 너무 추운데 벌써 해가 졌네", "집에 돌아가긴 틀렸는데 산에서 자야겠다", "배가 고픈데 자네는 뭐 먹을 것이 좀 있나?", "우리 가지고 있는 음식을 모두 모아 보자" 등 아이들은 사냥꾼 놀이에 푹 빠져 즉흥 대사를 만들며 음식 만들기 활동을 완벽한 놀이로 즐겼다.

### ③ 말하기 활동과 연계하기: 음식의 유래와 만드는 방법 설명하기

말하기 활동을 연계하면 아이가 읽은 것과 놀이한 것에 대한 기억을 지속시킬 수 있다. 배우고 익힌 것을 전달함으로써 사고가 정리되고 앎이 확장되기 때문이다. 필자의 아이들은 퐁듀 만들기를 끝내고 퐁듀의 유래, 퐁듀 만드는 방법, 퐁듀의 맛을 프레젠테이션 형식으로 설명하였다. 5장 말하기에서 추천한 것처럼 발표 형식의 말하기는 영상으로 녹화하여 아이가 직접 확인하는 것이 좋다. 필자는 녹화한 영상을 가족이 공유하는 밴드에 올려 가족끼리 다양한 의견이 오갈 수 있도록 하였다. 읽기가 놀이로, 놀이가 말하기로, 말하기가 가족 토의로 확장되고 발전되는 과정을 확인할 수 있다.

**④ 발문과 대답으로 상상력 자극하기: 유래를 알고 싶은 음식 생각하기**

쓰기 전 활동으로 질문하고 대답하는 과정을 거듭하는 것은 매우 중요하다. 질문을 만들고 질문에 대한 답을 생각하며 아이들은 생각 근육을 키우고 상상력을 활성화한다. 필자는 아이들과 함께 퐁듀를 만들며 "만약에 너희들이 이 책을 쓴다면 여기 나온 음식 말고 어떤 음식을 넣을 것 같아? 좋아하는 음식 중에 한번 골라 볼래?"라는 질문을 했고, 아이들은 호떡, 아이스크림, 비빔밥, 사탕 등을 이야기했다. 다음은 아이가 말한 호떡에 대한 필자의 발문과 아이의 대답을 정리한 것이다.

| 발문 (엄마) | 대답 (아이) |
| --- | --- |
| 호떡이 생각났어? 특별한 이유가 있을까? | 응, 호떡이 갑자기 먹고 싶어서⋯ |
| 호떡은 언제 먹어 봤어? | 언젠지는 기억이 안 나는데 자주 먹은 거 같아. |
| 호떡은 어떤 맛이야? | 진짜 맛있어. 아주 달고 내가 좋아하는 맛이야. |
| 좀 더 구체적으로 말해 줄래? | 안에 들어 있는 꿀이 진짜 달콤한데 빵은 쫄깃쫄깃해서 딱 내 스타일이야. |
| 호떡은 우리나라 음식일까? | 그럴 거 같아. 근데 일본이나 중국 음식일 거 같기도 하고. |
| 왜 일본이나 중국 음식일 거 같아? | 만두랑 비슷한 거 같기도 하고⋯ |
| 그렇다면 원래 일본이나 중국 음식이었는데 우리나라에서 많이 먹는 음식은 뭐가 있을까? | 짜장면? 탕수육? 우동? 맞나? 또 뭐가 있지? 찾아봐야겠다. |

**[표] 엄마의 발문과 아이의 대답**

이렇게 자유롭게 질문과 대답이 이어지는 가운데 아이는 음식의 유래에 대한 호기심을 키워 갔다. 기존의 배경지식을 활용하여 발문에 답하였고, 이야기하는 과정에서 아이 스스로 질문을 늘려 갔다. 놀이가 끝난 후에도 음식을 먹을 때마다 아이는 먹고 있는 음식의 유래를 궁금해하며 질문과 대답을 이어 나갔다. 필자와 아이들은 비교적 만들기 간단한 호떡을 직접 만들어 보며 놀이를 재확장하였고, 쓰기의 경험을 축적해 나갔다.

| 발문 (엄마) | 대답 (아이) |
| --- | --- |
| 호떡의 맛은 어떤지 구체적으로 말해 줄래? | 달콤한 녹은 설탕을 바삭바삭한 호떡이 감싸고 있어서 달콤 바삭하다. |
| 호떡의 모양은? 묘사해 볼까? | 동글납작하고 동글동글하다. |
| 재료는 뭐가 들어가는지 아니? | 맛있는 밀가루 반죽과 계피, 설탕 |
| 우현이는 어디서, 언제 호떡을 먹어 보았니? | 2022년 7월, 집에서 엄마랑 만들어 먹었다. |
| 만드는 방법을 알려 줄래? | 반죽을 넓게 펴 기름을 묻힌 뒤 설탕을 넣어 구워 먹는다. |
| 호떡의 종류는 어떤 것들이 있을까? | 동그란 호떡, 반쪽 호떡, 1/4 호떡 |
| 호떡이랑 비슷한 음식이 있을까? | 호빵이나 잼 들어 있는 빵 |
| 우현이 생각에는 호떡이 원래 어느 나라 음식 같아? 왜 그렇게 생각해? | 프랑스, 프랑스는 빵이 많고 유명하니까 |
| 우현이 생각에는 누가 처음 호떡을 만들었을 것 같니? 상상해 봐. | 빵과 꿀을 좋아하는 프랑스 귀족 |
| 우연히 만들었을까? 계획을 하고 만든 걸까? | 우연히 |

| 처음의 호떡과 지금 우리가 먹는 호떡은 모양과 맛이 같을까? 다를까? | 모양은 그대로일 것 같다. 맛은 옛날에는 꿀을 넣었고 지금은 설탕을 넣는다. |
|---|---|

[표] 엄마의 발문과 아이의 대답

　말하기를 통한 발문과 대답 이후, 공책을 활용하여 질문하기와 답하기를 계속했다. 필자가 아이에게 질문하면 아이가 답하였고, 아이가 필자에게 질문하면 필자가 답하였다.

| 질문 (아이) | 대답 (엄마) |
|---|---|
| 호떡은 언제 생겼어? | 우리나라가 예전에 너무 가난해서 미국에서 밀가루를 원조받았는데 그때부터 많이 팔기 시작한 것 같아. |
| 호떡은 무슨 맛이야? | 쫄깃한데 겉은 바삭하고 아주 달콤하지. |
| 호떡은 왜 만들어졌을까? | 밀가루가 흔해져서일 것 같아. |

[표] 아이가 엄마에게 질문하기

　아이는 질문에 답을 해 나가며 유래가 궁금한 음식에 대한 배경지식을 정리하고 상상력을 펼쳐 나갔다. 발문과 생각 말하기가 자유로운 분위기에서 이루어지지만, 질문하기와 써서 답하기는 한 번 더 생각의 과정을 거치므로 아이는 (음식의 유래를 상상하여) 창의적 글쓰기의 기초를 마련할 수 있다. 읽기(책 읽기) → 놀이(퐁듀 만들기) → 말하기(발문과 대답) → 놀이 확장(호떡 만들기) → 쓰기(질문하기와 답하기)로 활동이 연계되었다. 읽기 후 활동으로 바로 쓰기를 하는 것이 아니라 사이에 위와 같은 다양한 활동을 넣는 것이 좋다. 책을 읽은 후 얻은 지적 호기심과 앎이 생활 속에서 놀이, 듣기, 말하기를 거치며 팽창되고 궁극적으로 아이의 사고력을 자극하여 쓰기 능력도 향상되기 때문이다.

### ⑤ 인물 마인드맵 활용하기: 등장인물 만들기

마인드맵을 활용하여 이야기에 등장할 가상의 주인공을 만들어 보자. 가상의 인물에게 이름을 지어 주고 그 인물의 성격, 특징, 장점을 상상해 그려 보는 것이다. 이야기에 여러 인물을 등장시키고 싶다면 인물 마인드맵을 여러 개 만들어 인물들 사이의 관계를 연결해 줄 수도 있다.

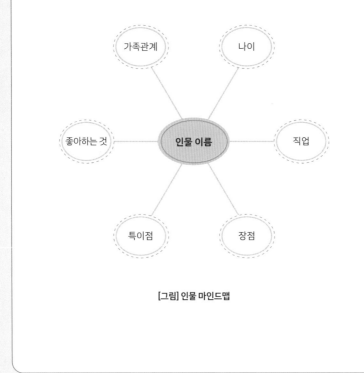

[그림] 인물 마인드맵

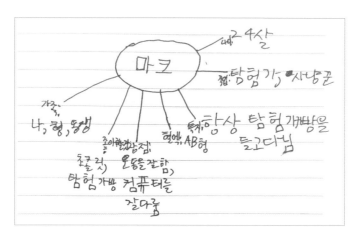

[사진] 인물 마인드맵 예시

### ⑥ '언덕 나무 심기' 활동하기: 줄거리 만들기

언덕 나무 심기 활동은 창의적 글쓰기에서 줄거리의 큰 틀을 만들 때 유용한 기법이다. 소설은 대개 발단, 전개, 위기, 절정, 결말 5단계로 구성이 된다. 그러나 아이들이 글을 쓸 때 소설의 5단계를 숙지하여 이야기를 만들어 내기는 쉽지 않다. 그렇다고 해서 글쓰기에 대한 가이드라인이 전혀 없다면, 글은 산만해지거나 맥락이 전혀 이어지지 않을 수 있다.

앞서 말했듯이, 잭 하트의 내러티브 포물선을 응용한 언덕 나무 심기는 아이가 글을 쓰기 전 어떤 글을 쓸 것인지 시간 순서대로 단어나 문장으로 표시해 보며 글의 방향과 사건의 연결을 생각해 보는 활동이다. 아이에게 발단, 전개 등 어려운 용어를 사용하여 활동을 설명할 필요는 전혀 없다. 이미 아이는 인물 마인드맵을 통해 이야기의 등장인물을 머릿속으로 그려 놓은 상태다. 주인공이 책으로 들어가 이야기 언덕을 넘으며 나무를 심는다고 설명해 주자.

언덕의 시작은 이야기의 시작, 언덕의 꼭대기는 주인공이 겪는 문제가 가장 커졌을 때, 언덕의 마지막은 이야기의 끝이라고 약속하고 시작한다. 아이가 할 일은 언덕에 나무를 심는 것이다. 나무는 아이가 쓸 글의 핵심을 보여 주는 단어나 문장이다. 나무는 간단하게 처음, 꼭대기, 마지막에 세 그루일 수도 있고, 소설 5단계처럼 다섯 그루일 수도 있다. 줄거리의 틀을 자세히 표시하고 싶은 아이는 열 그루, 스무 그루의 나무를 심으며 언덕 나무 심기를 해도 좋다.

| 1단계 | 언덕 그리기 | '언덕 = 줄거리'라는 것을 알기 |
|---|---|---|
| 2단계 | 줄거리 떠올리기 | 아이가 만들어 놓은 인물을 떠올리며 생각하기 |
| 3단계 | 언덕 시작점에 나무 심기 | 이야기의 시작 – 단어로 표시하기 |
| 4단계 | 언덕 꼭대기에 나무 심기 | 이야기의 핵심 – 단어로 표시하기 |
| 5단계 | 언덕 마지막에 나무 심기 | 이야기의 끝 – 단어로 표시하기 |
| 6단계 | 언덕 사이사이에 나무 심기 | 줄거리 속 사건, 인물 등 핵심 단어를 군데군데 표시하기 |

[표] 언덕 나무 심기 활동 6단계

다음은 《꼬들꼬들 마법의 세계 음식책》을 읽고 좋아하는 음식의 유래와 관련된 이야기를 만드는 활동을 한 아이가 그린 언덕과 단어 나무다. 매우 간단한 활동이지만 아이는 이 활동을 하며 앞으로 쓸 줄거리를 정리하고 시각화함으로써 줄거리의 유기적 연계성을 높일 수 있게 되었다.

초등 공부, 언어지능이 답이다

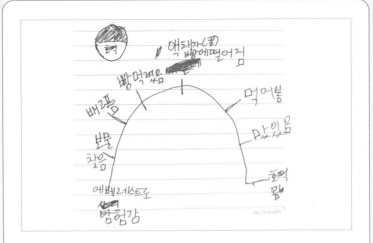

[사진] 언덕 나무 심기 활동

## ⑦ 이야기 쓰기

이 단계가 되면 아이는 아주 쉽게 글을 쓸 수 있다. 질문하기와 답하기, 인물 마인드맵 만들기, 언덕 나무 심기 등 이미 이야기의 기초를 튼튼하게 머릿속에 구성해 놓았기 때문이다. 더 이상 흰 종이가 막막하고 크게 느껴지지 않는다. 굳이 길게 쓸 필요는 없다. 초등학생이라면 반쪽에서 한쪽 정도면 충분하다. 글을 쓸 때는 언덕에 심어 놓은 단어 나무를 보며 처음에 계획했던 글과 방향이 비슷하게 흘러가게끔 확인하며 쓰는 것이 좋다. 만약 아이가 글 쓰는 것을 너무 막막해한다면 시작은 엄마가 하고 이야기가 본격적으로 절정에 이를 때 아이에게 연필을 넘기는 것도 괜찮다. 대신 끝맺음은 아이 스스로 하여 글쓰기 성취감을 맛볼 수 있도록 하자.

### ⑧ 고쳐 쓰기

한 번에 완성되는 글은 없다. 세계적인 작가라 하더라도 초고를 완성작으로 내미는 경우는 드물다. 아이에게 이 사실을 꼭 알려 주어야 한다. 글을 쓴 후 반드시 다시 읽고, 고치는 습관을 들여야 한다. 읽고 고치는 횟수만큼 글은 좋아진다. 아이가 이야기 쓰기를 마치면 단어와 단어, 문장과 문장, 이 이야기와 다음 이야기가 연결되는지 확인할 수 있도록 도와주자. 연결이 매끄럽지 않다면 개연성이 떨어지는 글이다. 가장 중요한 것은 '연결'임을 상기시켜야 한다.

아이가 글을 쓰면 14포인트 이상의 글씨로 문서 작업한 후 깨끗하게 프린트해서 가족이 함께 읽는다. 아이가 큰 소리로 자기의 글을 읽다 보면 어색한 표현, 문맥에 맞지 않는 문장을 발견할 것이다. 또 읽으면서 새로운 아이디어가 샘솟아 더 좋은 글을 써 보려는 욕구를 느끼기도 한다. 이때 부모가 과하게 개입하여 "그건 좀 말이 안 되는데?"라든가 "얘기가 좀 이상한 것 같아"라는 부정적 피드백을 하게 되면 아이는 의기소침해진다. 부모는 글을 다 쓴 아이에게 "고칠 것은 없는지 다시 읽어 보면 어때? 책 쓰는 작가 선생님들은 다시 읽고 고치면서 완성하신대" 정도로 권유하면 충분하다.

아이가 고쳐 쓰기를 하여 최종작을 만들었다면 두 가지 방법으로 아이의 자존감을 높일 수 있다. 하나는 글에 어울리는 삽화를 그려 진짜 동화책을 만들어 주는 것이다. 아이가 쓴 글을 책 형식으로 편집하여 삽화를 넣고 근처 인쇄소에 맡기면 얼마 안 되는 돈으로 멋진 책이 만들어진다. 표지에는 아이 그림을 넣고 출판사 이름도 만든다. 또, 부모가 추천사를 써서 책 앞에 넣어 주는 것도 좋다. 열 권 이내로 만들어 친척들, 친구들과 공유하면 아이에게 좋은 추억이 될 뿐 아니라 쓰기 성취감이 고취된다. 다른 하나는 아이의 글을 블로그, 밴드, 인스타그램 등 다양한 소셜 미디어에 올리는 것이다. 유튜브 계정이 있다면 아이의 글과 삽화, 그리고 직접 책을 읽어 주는 소리 파일을 넣어 올려 보자. 아이는 자신의 글이 온라인에 게재되었다는 사실에 성취감을 느끼고 더 적극적으로 글쓰기에 도전하려 할 것이다.

# 1.《플랜더스의 개》를 활용한 책 놀이

| 우리 집 책 놀이 세부 활동 | | 핵심 질문 및 이야깃거리 |
|---|---|---|
| | **배경지식 활성화하기** | |
| 전 | 실제 경험을 상기시키는 질문을 하여 아이들의 배경지식 활성화하기 | 우리 주변에 강아지 키우는 친구나 이웃이 있나? 기억이 나니? |
| | 반려동물에 대한 다큐멘터리나 TV 프로그램 시청하고 사람과 반려동물과의 관계 생각하기 | 사람들이 강아지나 고양이를 키우는 이유가 뭘까? 사람과 반려동물은 어떤 관계라고 말할 수 있을까? |
| | **단어 유추하기** | |
| | '풍차, 방앗간, 오두막' 등 주요 단어의 뜻 유추해서 말하기 | 이 단어 전에 들어 봤니? 처음 들어 봤다면 뜻을 한번 상상해서 얘기해 볼까? |
| | **표지 그림 관찰하기** | |
| | 전체적인 분위기 이야기하기 | 표지 그림 분위기가 어때? '밝다', '어둡다', '아름답다', '재미있다' 등으로 대답해 볼까? |
| | 표지에서 가장 눈에 띄는 것 말하기 | 그림을 잘 보고 눈에 들어오는 부분을 얘기해 볼까? |
| | 소년과 개의 관계 상상하여 말하기 | 그림 속 소년과 개는 어떤 관계일까? 둘의 이야기를 한번 상상해 볼까? |
| | 이야기의 배경 상상하여 말하기 | 여긴 어디일까? 한국일까? 다른 나라일까? 다른 나라라면 어느 나라 같을까? 현재일까? 과거일까? 미래일까? |
| | **제목 보고 내용 유추하기** | |
| | '플랜더스의 개'의 뜻을 생각하여 책 내용 유추하기 | '플랜더스의 개'가 무슨 의미일까? 플랜더스는 뭘 뜻하는 것 같아? 이 책은 무엇에 관한 내용일 것 같아? |
| | **무엇을 들을 것인지 약속하기** | |
| | 단어의 뜻을 유추하며 듣기 | '풍차', '방앗간', '오두막'이 아까 생각했던 뜻이 맞을지 생각해 보면서 이야기를 들어 보자. 만약 아니라면 어떤 뜻인 것 같은지 책 속에서 확인할까? |
| | 주인공의 마음을 느끼며 듣기 | 이제부터 내가 주인공이라고 상상을 하는 거야. 그리고 그 마음을 느끼며 이야기를 들어 보자. |
| 중 | **낙서하며 듣기** | |
| | 모르는 단어 낙서하듯 쓰며 듣기 | 책을 읽어 줄 때 처음 듣는 단어가 나오면 스케치북에 적어 보는 것 어때? 들리는 대로 낙서하듯이 말이야. |
| | **생각 나누기 – '왜냐하면' 덧붙이기** | |
| | 등장인물의 성격을 색깔에 비유하기 | 넬로, 파트라슈, 할아버지, 방앗간 주인, 아로하를 생각했을 때 떠오르는 색깔은? 왜 그 색깔이 떠오르는지 같이 설명해 줄래? |
| | 인상 깊은 장면 이야기하기 | 책에서 가장 인상 깊은 장면이 무엇이었어? 왜 그렇게 생각하는지도 정말 궁금하다. |
| | **지도 찾기** | |
| | 안트베르펜을 세계 지도에서 찾아보기 | 플랜더스 지방이 어디인지, 안트베르펜이 어디인지 세계 지도에서 같이 찾아보자. 더 찾아보고 싶은 나라나 지역이 있으면 지도에서 찾아볼까? |

**초등 공부, 언어지능이 답이다**

| | 그림으로 표현하기 | |
|---|---|---|
| | 가장 인상 깊었던 장면을 그림으로 표현하기 | 책에서 제일 기억이 남거나 좋았던 장면을 상상해서 그림을 그려 볼까? 풍차를 그려도 좋고, 파트라슈를 그려도 좋고, 불타는 집을 그려도 좋아. 전지를 펴 놓고 아무 데나 그려 보자. |
| | 등장인물 떠올리기 | |
| | 등장인물과 관련된 그림 그리기 | 등장인물을 떠올리면 생각나는 색깔에 관해 이야기했었지? 그 색깔을 사용해서 등장인물과 관련된 그림을 그려 볼까? 사람을 그려도 좋고, 그 사람을 떠올리면 생각나는 물건이나 배경을 그려도 좋아. |
| | 그림 설명하며 등장인물의 성격 이야기하기 | 넬로는 어떤 성격을 가진 아이야? 이 술병은 누구를 생각하며 그린 거야? 풍차는 방앗간 주인을 떠올리며 그린 걸까? 방앗간 주인은 어떤 사람이야? |
| 후 | 등장인물에게 해 주고 싶은 말 생각하여 쪽지에 쓰고 함께 읽기 | 넬로에게, 넬로 할아버지에게, 아로하에게, 방앗간 주인에게 하고 싶은 말을 포스트잇에 간단하게 써서 그림에 붙여 주자. |
| | 새롭게 알게 된 단어 활용하여 문장 이어 만들기 | |
| | 낯설한 단어의 뜻을 사전에서 찾아보기<br>전지에 단어의 뜻을 쓰기<br>단어를 활용하여 문장을 릴레이로 만들기 | '풍차', '오두막', '비탈길', '밋밋하다'의 뜻을 알게 되었으니 그 단어를 넣어서 이야기를 만들어 보는 것 어때? 한 사람씩 돌아가면서 전지에 문장을 쓰고 다음 사람이 그 문장과 이어지게 써 보는 거야. |
| | 홈 갤러리 투어 | |
| | 루벤스 그림 중 가장 마음에 드는 것을 출력하여 전지에 붙이기 | 그동안 《플랜더스의 개》를 읽으며 우리 진짜 많이 배우고 놀았는데 어떤 활동을 했는지 같이 보면서 얘기 나눌까? |
| | 전지에 그린 그림, 붙인 쪽지, 문장 릴레이 글 감상하기 | |
| | 마무리 놀이 활동 | |
| | 팝콘 먹으며 <플랜더스의 개> 만화영화 시청하기 | |

| | 등장인물의 공통점과 차이점 찾기 |
|---|---|
| 확장독서 | - 《개와 고양이》<br>- 《명견 래시》<br>- 《황야는 부른다》<br>- 《나의 블루보리 왕자》<br>- 《나의 달타냥》<br>- 《개를 훔치는 완벽한 방법》 |
| 통합활동 | 책 속 넬로가 사는 세상과 우리가 사는 세상 비교하여 생각하기<br>'넬로가 만약 지금 우리 주변에 사는 이웃이라면 어떻게 살고 있을까?'<br>'넬로처럼 어려움을 겪고 있는 이웃을 도울 방법은 무엇이 있을까?' |

부록 **우리 집 책 놀이 활동표**

## 2.《치약으로 백만장자 되기》를 활용한 책 놀이

| 우리 집 책 놀이 세부 활동 | 핵심 질문 및 이야깃거리 |
|---|---|
| **표지 그림 관찰하기** | |
| 표지 그림 최대한 자세히 관찰하여 설명하기 | 표지 그림을 머리에 기억할 만큼 잘 살펴보고 묘사해 볼래? 묘사는 보이는 것을 최대한 자세히 말로 표현하면 돼. 몇 명의 사람이 보이는지, 그 사람들의 생김새는 어떤지, 무엇을 하고 있는지, 사람 외에 어떤 그림이 보이는지 이야기해 볼까? |
| **제목 보고 내용 유추하기** | |
| 백만장자의 의미 이야기하기<br>부자란 무엇인지 부자의 의미 각자 정의하기<br>치약으로 백만장자 되는 방법 상상하여 말하기 | 제목이《치약으로 백만장자 되기》인데, 백만장자가 무엇일까? 백만장자가 부자를 의미한다면 부자는 무엇일까? 네가 생각하는 부자란 무엇이니? 치약으로 어떻게 백만장자가 될 수 있을까? |
| **보드게임 활용하여 경제 용어 익히기** | |
| 부루마블, 경제 보드게임, 개미투자자 주식 보드게임 놀이하기<br>사업, 주식, 배당금, 대출, 이자, 임대료 등의 용어 익히기 | 이 책에는 조금 어려울 수 있는 경제용어가 나오는데 게임을 하면서 무슨 뜻인지 익혀 보자. |
| **낙서하며 듣기** | |
| 처음 듣는 낱말 낙서하듯이 쓰며 듣기 | 처음 들어서 이해가 잘 안 가는 새로운 단어가 나오면 낙서하듯이 적어 보도록 하자. |
| **인물의 성격 짐작하며 이야기 듣기** | |
| 셜록 홈즈 추리게임 - 등장인물의 성격, 배경, 과거를 상상하기 | 루퍼스의 할머니, 빈스 아저씨, 은행 부행장처럼 주인공이 아닌 등장인물의 말과 행동을 주의 깊게 들어 보자. 어떤 성격의 인물인 것 같아? 성격을 파악한 후 그 사람에 대한 모든 것을 상상해서 이야기해 볼까? |
| **내가 루퍼스라면?** | |
| - 자주 사용하는 물건 또는 서비스 중에 터무니없이 비싸다고 생각하는 것 이야기하기<br>- 내가 만약 루퍼스처럼 꼬마 사업가라면 나는 어떤 물건이나 서비스를 판매할 수 있을지 생각해 보기 | - 네가 생각한 물건이나 서비스 중에 더 싸게 사람들에게 공급할 수 있는 것이 있을까?<br>- 생활하면서 '이런 게 있었으면 좋겠다'라고 생각한 물건이나 서비스가 있니?<br>- 만약 네가 루퍼스처럼 사업을 한다면 어떤 일을 할 수 있을까? |
| 용돈 사용 계획 짜기<br>- 소비, 저축, 투자의 기본 알기<br>소비: 필요한 물건 우선순위를 두고 구입하기<br>저축: 수입의 30% 이상, 이자율에 따라 저축상품 고를 수 있음을 알려 주기<br>투자: 소액으로 가능한 투자 찾아보기 | - 매달 받는 용돈을 지금까지 어떻게 사용했는지 이야기해 볼까?<br>- 저금통에 넣는 대신 은행에 예금을 하면 이자가 붙을 텐데?<br>- 이자가 무엇인지 기억이 나니?<br>- 소비는 어느 정도 하는 것이 좋을까?<br>- 투자의 방법에는 어떤 것들이 있을까? |
| 돈을 버는 방법 생각해 보기<br>- 안 쓰는 책과 물건 당근마켓에 팔기<br>- 머핀, 쿠키를 만들어 팔기<br>- 그림 작품 가족 경매 부치기 | - 매달 받는 용돈은 한정되어 있으니, 돈을 더 벌 수 있는 방법이 무엇이 있는지 생각해 볼까?<br>- 머핀이나 쿠키처럼 음식을 팔기 위해서는 구청의 허가가 필요해서 조금 어렵지 않을까?<br>- 작아진 옷이나 다 읽은 책을 골라내 볼까? 가격을 어떻게 책정하면 좋을지, 당근마켓에 올라와 있는 비슷한 물건들의 가격을 찾아보자. |

초등 공부, 언어지능이 답이다

| | | |
|---|---|---|
| 후 | 계산의 신 루퍼스 되기! | 이제 연산 문제집을 풀 때마다 루퍼스가 되었다고 상상해 볼까? 루퍼스처럼 빠르고 정확하고 재미있게 풀어 보자. 루퍼스 박! |

| | | |
|---|---|---|
| **통합활동** | **주식 투자하기** | |
| | 투자 종목 고르기<br>- 나의 일상을 일기 형식으로 기록하기<br>- 내가 사용하는 물건에 동그라미 치기<br>- 각각의 물건을 만든 회사 알아보기<br>- 주식회사인지 아닌지 알아보기<br>- 1주당 가격 알아보기<br>- 좋아하는 물건 및 회사 이야기하기<br>- 가치투자를 바탕으로 사고 싶은 주식 정하기 | 우리가 정말 많은 물건과 서비스를 이용하고 있지? 그 물건과 서비스를 제공하는 회사 대부분은 주식을 발행하고 있어. 너희들이 동그라미 친 회사의 주식 가격을 한번 찾아보자. 좋은 회사인지 아닌지 알아보는 방법도 함께 찾아볼까? 어떤 회사가 마음에 드는지, 왜 그 회사가 마음에 드는지 이야기해 보자. |
| | 증권 회사 통장 개설하기 | 어떤 증권회사에 통장을 개설하면 좋을지 엄마가 알아보도록 할게. |
| | 그동안 모아 왔던 돈으로 주식 사기 | 해외 주식 투자를 하려면 우리나라 돈을 외국 돈으로 바꾸어야 해. 바꾸기 위해서는 '환율'의 의미를 먼저 알아야겠구나. |
| | 가격의 추이를 살펴보고 경제에 꾸준한 관심 기울이기 | 주식은 오를 수도 있고 내릴 수도 있으니 너무 자주 확인할 필요는 없어. 그러나 어린이 경제 신문 등을 보면 경제가 어떻게 움직이고 있는지는 함께 공부해 보자. |
| | **물건 판매하기** | |
| | 당근마켓 활용하기<br>- 다 읽은 책과 신발 당근마켓에 판매하기<br>- 가격 책정하기<br>- 판매 글 올리기<br>- 팔리지 않은 물건의 원인 분석하기 | 비슷한 책이 얼마에 팔리고 있는지 찾아본 후에 가격을 책정해 보자. 물건을 빨리 팔려면 판매 글에 어떤 내용이 들어가는 것이 좋을까? 팔리지 않은 물건(신발)은 왜 안 팔렸는지 생각해 보자. |
| | **그림 작품 판매하기** | |
| | - 그동안 그렸던 그림에 가격 책정하기<br>- 사진 찍기<br>- 그림을 살 만한 사람들(가족들)에게 사진과 함께 그림에 대한 설명 전송하기<br>- 여러 사람이 갖고 싶어 하는 그림은 경매에 부치기 | 그림을 팔기 위하여 내가 할 수 있는 일이 무엇이 있을까? |
| | **인종차별에 대하여 생각하기** | |
| | 루퍼스가 살았던 1960년대 미국의 시대적 특징에 대하여 알아보기<br>영화 감상: <리멤버 타이탄>, <헬프> | 영화를 보며 알게 된 점이나 느낀 점을 이야기해 볼까? |

부록 **우리 집 책 놀이 활동표**

## 3. 《푸른 사자 와니니》를 활용한 책 놀이

| | 우리 집 책 놀이 세부 활동 | 핵심 질문 및 이야깃거리 |
|---|---|---|
| | **배경지식 활성화하기** | |
| 전 | 동물원 방문하여 사자 관찰하기 미션<br>- 몇 마리의 사자가 있는지 찾아보기<br>- 사자가 하는 행동 관찰하여 흉내 내 보기<br>- 사자가 먹이로 무엇을 먹는지 관찰하기<br>- 생김새를 살펴보고 특징을 관찰하기<br>- 관찰한 것을 엄마에게 이야기해 주기 | 사자를 잘 관찰하고 미션을 성공한 사람은 엄마가 맛있는 아이스크림 사 줄게! |
| | 초원에 관한 다큐멘터리 시청하기 | 어떤 동물이 나오는지, 초원에 사는 동물들은 날씨나 계절에 어떻게 영향을 받는지 유의하며 보자. |
| | **제목 보고 내용 유추하기** | |
| | '와니니'라는 이름을 보고 떠오르는 것 이야기하기 | '와니니'가 무슨 의미일까? 생각나는 대로 얘기해보자. |
| | **장면을 영화처럼 그리며 듣기** | |
| 중 | 초원을 상상하며 이야기 듣기 | 다큐멘터리에서 본 초원, 동물원에서 본 사자를 떠올리며 이야기를 들어 보자. 마치 영화 속 장면들처럼 장면을 떠올리며 이야기를 들어 볼까? |
| | **등장인물의 감정변화에 집중하며 듣기** | |
| | 주인공 와니니의 감정 변화에 주의하며 듣기 | 마디바 할머니를 생각하는 주인공의 마음이 어떻게 변하는지 잘 들어 볼래? |
| | **의성어, 의태어에 유의하며 듣기** | |
| | 책에 나오는 의성어, 의태어를 따라 해 보기 | '크하하하항', '폴짝폴짝', '꼴딱꼴딱', '듬성듬성', '탕!탕!탕!', '바락바락', '우물쭈물' 등 책에 나오는 의성어와 의태어를 목소리와 몸짓으로 흉내 내 볼까? |
| | **활동 제목 정하기** | |
| 후 | 《푸른 사자 와니니》를 읽고 함께 할 활동의 제목을 정하기<br>- 한 사람당 3개의 제목을 만들어 각각의 포스트잇에 쓰기<br>- 아홉 개의 제목 중 가장 마음에 드는 제목을 두 개씩 고르고, 제목을 지은 사람에게 제목의 의미를 설명하게 하기<br>- 최종 제목을 투표로 정하기 | 이 책을 읽고 이제 여러 가지 활동을 함께 해 나갈 텐데 활동 제목을 너희들이 직접 지어 보면 어떨까? 책과 관련하여 좋은 아이디어가 있으면 포스트잇에 적어 보고 각각 무슨 의미인지 설명한 후 투표하면 어떨까? |
| | **와니니 흉내 내기** | |
| | 사자의 포효 소리 흉내 내기 | 동물원에서 본 사자의 모습과 책을 읽으며 상상하게 되는 사자의 모습을 생각하며 사자 흉내를 내 볼까? 당당한 마디바 할머니의 포효 소리와 자신감 없는 아산테 아저씨의 포효 소리는 얼마나 다를까? |
| | 소리를 잘 듣는 와니니 흉내 내기<br>-1분 동안 최대한 조용히 하고 주변에 들리는 소리에 집중하기 | 와니니의 최대 강점은 소리에 민감해서 아주 잘 듣는 거잖아. 우리 마치 와니니가 된 것처럼 주변의 소리를 들어 볼까? 아주 작은 소리도 들을 수 있을지도 몰라. |

초등 공부, 언어지능이 답이다

| | 와니니 놀이 | |
|---|---|---|
| 후 | **와니니의 강점 이야기하기**<br>- 소리를 아주 잘 들음<br>- 다른 동물들의 강점을 잘 찾아 이야기해 줌<br>**와니니 놀이**<br>- '시장에 가면' 놀이를 빌려 와 주변 가족, 이웃, 친구의 강점 이어 말하기 놀이하기<br>- 매우 사소한 특징도 강점이 될 수 있음 | 박윤우는~ 힘이 세고~ 힘이 세고, 책을 잘 읽고~ 힘이 세고, 책을 잘 읽고, 양보를 잘하고~ 힘이 세고, 책을 잘 읽고, 양보를 잘하고, 밥을 잘 먹고~<br><br>우리 할머니는 요리를 잘하고~ 요리를 잘하고, 운전을 잘하고~ 요리를 잘하고, 운전을 잘하고, 장기를 잘 두고~ |
| | **새롭게 알게 된 단어 활용하여 문장 이어 만들기** | |
| | 새롭게 알게 된 단어의 뜻을 찾아 전지에 쓰기<br>- '배은망덕한', '앙증맞은', '바오바브나무', '극성맞다', '야윈', '모름지기', '경쾌', '성미', '건기'<br>- 단어를 활용하여 문장 만들기<br>- 릴레이 문장 쓰기로 하나의 글을 완성하기 | 《플랜더스의 개》에서 했던 것처럼 한 사람씩 돌아가면서 전지에 문장을 쓰고 다음 사람이 그 문장과 이어지게 써 보자. 제일 중요한 것은 문장이 반드시 이어져야 한다는 거야. 전체적으로 보면 한 사람이 쓴 것처럼! |
| | **와니니가 사는 곳 그리기** | |
| | 와니니가 사는 초원을 상상하여 전지에 그리기<br>와니니를 비롯한 등장인물 전지에 그려 보기 | 우리가 초원에 가 본 적은 없지만, 와니니가 사는 초원을 상상해서 한번 그려 볼까? 초원에는 무엇이 있을까? 나무? 큰 나무? 작은 나무? 물? 어떤 물일까? 강일까? 시내일까? 또 어떤 동물이 살고 있을까? 하늘은 어떤 색일까? |
| | **등장인물의 성격 및 특징 파악하기** | |
| | 와니니, 마디바 할머니, 말라이카, 잠보, 아산테 아저씨, 무투와 세 아들, 하이에나, 원숭이 등 등장인물의 성격 및 특징 생각하여 전지에 쓰기<br>- 엄마나 다른 형제가 쓴 것을 보고, 덧붙이고 싶으면 마인드맵 형식으로 이어서 쓰기 | 전지에 등장인물 그림을 그렸네. 그 등장인물의 성격이나 특징을 한번 생각해 볼까? 전지에 그린 그림에 가지를 뻗어서 생각나는 대로 써 보자. |
| | **질문 만들기** | |
| | 책을 읽으면서 궁금했던 점, 같이 이야기해 보고 싶었던 점을 질문 형식으로 포스트잇에 써서 전지에 붙이기 | 질문을 보고 여러 가지 답을 생각해 보자. 정답이 있는 것은 아니지 질문에 대한 답을 생각하는 것만으로도 매우 훌륭한 거야. |

| | 토론하기 - 가족 밴드 활용하여 댓글로 소통하기 |
|---|---|
| 통합활동 | **포스트잇에 적었던 질문을 가족 밴드에 올려 댓글로 소통하며 토론하기**<br>- 밴드는 어린이용 앱이 따로 있어 사용하기 편리함<br>- 댓글로 활발한 토론을 한 후 질문에 대한 자기 생각을 정리하여 하나의 글로 쓰기<br><br>**기존 질문을 확장하여 재질문하기**<br>- 말라이카가 다쳤을 때 무리에서 내쫓은 것은 옳은 일이었을까?<br><br>**확장 시키기**<br>- 만약 말라이카가 사람이고 사자 무리가 우리가 사는 세계라면 말라이카는 어떤 사람일까?<br>- 장애인처럼 몸이 불편한 사람을 사자 무리에서처럼 사회에서 버린다면 어떤 일이 일어날까?<br><br>**장애 이해 교육 연계**<br>- 엄마가 어릴 때 보았던 장애인 친구들은 다 어디 갔을까?<br>- 얼마 전 집 근처에 있었던 장애인 연합 집회에 대하여 알고 있니? |

부록 **우리 집 책 놀이 활동표**

229

## 4. 《꼬들꼬들 마법의 세계 음식책》을 활용한 책 놀이

| 우리 집 책 놀이 세부 활동 | 핵심 질문 및 이야깃거리 |
|---|---|
| **책 고르기** | |
| 도서관, 서점 둘러보기 | 이번에는 엄마가 혼자 책을 고르는 것이 아니라 너희들과 함께 고르려고 해. 책을 둘러보고 함께 읽었으면 하는 책을 고르고 왜 그 책을 읽고 싶은지 이야기해 본 후 의견을 모아 보면 어떨까? |
| 함께 읽고 싶은 책 고르기<br>왜 그 책을 읽고 싶은지 가족들에게 발표하기 | |
| **표지 그림 관찰하기** | |
| 전체적인 분위기 이야기하기 | 표지의 그림 분위기가 어떤 것 같아? 《플랜더스의 개》랑 비교하면 비슷한 것 같아, 다른 것 같아? |
| 표지에 보이는 음식을 이야기해 보기<br>먹어 본 음식과 먹어 보지 않은 음식으로 나누어 보기 | 표지에 음식 그림이 여러 개 보이는데 각각 어떤 음식인 것 같아? 먹어 본 것과 먹어 보지 않은 것으로 나누어 보자. 먹어 본 음식(만두, 파스타, 낫또)의 맛은 어때? |
| 표지 그림 속 파란 선의 의미 파악하기 | 그림 속 파란 선에 특별한 의미가 있을까? |
| **제목 보고 내용 유추하기** | |
| 마법의 뜻 이야기하기<br>'마법의 음식책'의 의미 상상하여 이야기하기<br>책 내용을 유추하여 이야기하기 | 마법이 무엇인지 아니? 왜 제목에 마법이라는 단어가 들어갔을까? '마법의 음식책'이라는 게 무엇일지 생각해 보고 내용을 상상해 보자. |
| **책에 나오는 나라와 음식에 대한 정보 찾기** | |
| 지구본과 인터넷을 활용하여 책에 나오는 여러 나라의 위치 찾기<br>- 중국, 이탈리아, 스페인, 일본, 스위스<br>처음 들어보는 음식은 인터넷을 활용하여 찾아보기<br>- 푸아그라, 칠레스앤노가다 | 책에 나오는 나라가 어디 있는지 지구본을 활용해서 같이 찾아볼까? 중국에서 먹는 만두는 우리나라에서 먹는 만두와 같은지, 푸아그라는 어떻게 생겼는지, 칠레스앤노가다는 무슨 맛일지 인터넷을 활용해서 찾아보자. |
| **형님 놀이 - 내용을 간추려 설명하기** | |
| 한 챕터 읽기를 끝낼 때마다 책의 내용을 간추려 다른 가족 구성원에게 간추려 설명하기<br>- 마치 어린 동생에게 재미있는 이야기를 해 주듯 설명해 주기 | 한 챕터 읽을 때마다 그 음식의 유래에 대하여 짧게 설명해 줄래? 글씨를 모르는 동생에게 이야기해 주듯이 말이야. |
| **거미줄 활동하기** | |
| 마인드맵의 확장 형태<br>- 책에 나오는 음식 중 하나를 골라 연상되는 모든 단어를 마인드맵 형식으로 표현하기<br>- 파생단어들끼리 다시 연결하여 거미줄 형태 만들기<br>- 단어와 단어 사이 관계성 파악하기 | 책에 나오는 음식 중 하나를 골라서 마인드맵을 만들어 보자. 마인드맵을 만들다 보면 가지 친 단어들끼리 신기하게 또 연결되는데 그 단어들끼리 연결해서 거미줄 모양을 만들어 보면 어떨까? 다 만든 후 단어와 단어 사이의 관계를 생각해 보면 아주 재미있을 것 같아. |
| **음식 만들기** | |
| 만두, 파스타, 푸아그라, 낫또, 칠레스앤노가다 또는 짧게 등장하는 음식 중에 집에서 만들 수 있는 음식 생각해 보기<br>- 퐁듀 만들기<br>- 퐁듀의 유래, 만드는 과정, 맛을 설명하는 동영상 촬영하기 | 책에서 본 것처럼 우리도 퐁듀를 만들어 보는 거야. 엄마랑 같이 재료를 준비해 보자. 감자는 엄마가 삶을 테니 너희는 빵을 뜯어 보면 어때? 빵이랑 감자 외에 또 무엇을 치즈에 찍으면 맛있을까? 중간중간 동영상을 촬영할 테니까 만드는 과정이랑 맛을 설명해 줄래? 유래도 설명해 주면 좋을 것 같아. |

초등 공부, 언어지능이 답이다

| | 유래가 궁금한 음식 생각하기 | |
|---|---|---|
| 후 | 책에 나온 음식 외에 유래가 궁금한 음식이 있는지 이야기 나누기 | 호떡에는 어떤 재료가 들어가?<br>호떡은 주로 언제 먹어?<br>호떡은 원래부터 우리나라 음식일까?<br>호떡은 무슨 맛이 나?<br>우리나라에서는 호떡을 언제부터 먹었을까?<br>호떡이 언제 생겨났는지 상상해 보자. |

<table>
<tr><td colspan="2" align="center">음식 만들기</td></tr>
<tr><td>후</td><td>유래가 궁금한 음식인 호떡을 직접 만들기<br>- 비교적 쉽게 만들 수 있는 음식으로 시도하기<br>- 만드는 방법을 아이들과 같이 숙지하기<br>- 만드는 과정을 놀이로 인식할 수 있도록 자율성 허용하기<br>- 재료의 특징에 대하여 서로 이야기해 보기<br>- 요리의 준비부터 정리까지 아이들이 참여할 수 있도록 격려하기<br>- 함께 맛을 보며 음식에 대하여 전반적인 이야기 나누기<br>- 음식의 유래에 대하여 다시 한 번 상상하여 말하기</td></tr>
</table>

| | 나도 작가 – 좋아하는 음식의 유래를 상상하여 책의 한 챕터를 쓰기 |
|---|---|
| 통합활동 | **이야기 토대 만들기** |
| | 시크릿 공책(엄마와의 1:1 대화 노트)을 활용하여 묻고 답하며 음식의 유래와 관련된 이야기의 골자 생각하기<br>- 좋아하는 음식의 유래와 관련하여 짧은 이야기 짓기<br>- 이야기의 토대를 엄마의 질문에 답함으로써 만들어 나가기 |
| | **인물 마인드맵 그리기** |
| | 마인드맵을 활용하여 이야기에 등장할 가상의 등장인물 만들기<br>- 배경, 성격, 특징, 가족관계 쓰기<br>- 등장인물을 상상하여 최대한 자세히 쓰기<br>- 등장인물이 여러 명이라면 여러 개의 마인드맵을 그리기<br>- 여러 면의 등장인물을 서로 연결하여 인물 거미줄로 확장하기 |
| | **언덕 나무 심기 활동** |
| | 언덕 나무 심기 활동을 기초로 스토리라인 짜기<br>- 언덕 시작: 이야기의 시작<br>- 언덕 꼭대기: 이야기의 핵심<br>- 언덕 마지막: 이야기의 끝<br>- 언덕 사이사이: 이야기 속 사건 |
| | **이야기 쓰기** |
| | 《꼬들꼬들 마법의 세계 음식책》의 한 챕터를 쓴다고 생각하고 쓰기<br>- 이야기의 분량은 중요하지 않음<br>- 책 주제와 통일성 유지<br>- 음식의 특징 생각하여 쓰기<br>- 인물 마인드맵을 활용하여 등장인물에 관한 이야기 쓰기<br>- 언덕 나무 심기 활동을 토대로 한 이야기 쓰기<br>- 문장과 문장 사이의 연결성 확인하기 |

| | 수정하기 |
|---|---|
| 통합활동 | 책 전체 주제와 연결이 되는지 생각하며 읽기<br>이야기의 흐름이 매끄러운가 생각하며 읽기<br>주제가 잘 드러나는지 생각하며 읽기<br>문장과 단어 연결이 자연스러운지 생각하며 읽기<br>부족한 부분 수정하여 다시 쓰기<br>가족 밴드에 올리기 – 피드백 받고 고칠 부분 다시 수정하기 |
| | **삽화 그리기** |
| | 이야기에 어울리는 그림 그리기 |
| | **제목 짓고 표지 그림 그리기** |
| | 〈쫄깃쫄깃 마법의 호떡 이야기〉<br>〈산 타다 호떡!〉 |
| | **그림책으로 인쇄하기** |
| | 가족, 이웃과 나누어 읽기<br>유튜브, 블로그 등 소셜미디어에 올려서 공유하기 |

**초등 공부, 언어지능이 답이다**

1) 레프 비고츠키(2013). 사고와 언어. 서울: 한길사

2) Lund, N. (2007). 언어와 사고. 서울: 학지사

3) Turnbull, K. P., & Justice, L. M. (2010). Language Development from Theory to Practice. Upper Saddle River, NJ: Prentice-Hall.

4) Zuk, J., Yu, X., Sanfilippo, J. et al. (2021). White matter in infancy is prospectively associated with language outcomes in kindergarten. Developmental Cognitive Neuroscience, 50, 100973. doi.org/10.1016/j.dcn.2021.100973.

5) Turnbull, K. P., & Justice, L. M. (2010). Language Development from Theory to Practice. Upper Saddle River, NJ: Prentice-Hall.

6) Yule, G. (2010). The Study of Language (4th Edition). Cambridge University Press.

7) Lenneberg, E. H. (1967). Biological Foundations of Language. New York: Wiley.

8) YouTube (2021, 3, 5). 육아필수강의#01 뇌발달. 출처: https://youtu.be/MZl9gRvCcaM.

9) 서유헌(2009, 3, 30). 뇌를 알고 가르치자. 네이버캐스트 인체기행. Retrieved from https://terms.naver.com/entry.naver?cid=58946&docId=3567083&categoryId=58977.

10) 서유헌(2000, 4, 25). [서유헌의 뇌와 우리아이] 3~6세땐 다양한 사고발달시켜야. Retrieved from https://www.donga.com/news/List/Series_70070000000219/article/all/20000425/7528751/1.

11) Silinskas, G., Sénéchal, M., Torppa, M., & Lerkkanen, M-K. (2020). Home Literacy Activities and Children's Reading Skills, Independent Reading, and Interest in Literacy Activities From Kindergarten to Grade 2. Frontiers in Psychology, 11(1508).

12) 전은옥 & 최나야(2021). 어머니의 학습관여, 가정문해환경, 취학 직전 유아의 자기주도학습능력과 문해력 간의 관계. 유아교육·보육복지연구, 25(3), 9-38.

13) Neuman, S. B., Koh, S., & Dwyer, J. (2008). CHELLO: The Child/Home Environmental Language and Literacy Observation. Early Childhood Research Quarterly, 23(2), 159-172.

14) 미하이 칙센트미하이(2007). 몰입의 즐거움. 서울: 해냄.

15)  Maslow, A. (1971). The Farther Reaches of Human Nature. New York: Viking.

16)  미하이 칙센트미하이(2007). 몰입의 즐거움. 서울: 해냄.

17)  2022 개정 교육과정

18)  폴 킴(2019). 나는 워킹맘 남편입니다. 부천: 피톤치드.

19)  Jakobson, R. (1985[1956]) Metalanguage as a linguistic problem. In Jakobson (1985), 113-121.

20)  이경화(2001). 초인지 능력과 초인지 독해전략의 상보적 교수 활동이 5, 6세 아동의 독해에 미치는 영향. 교육심리연구, 15(2), 53-87.

21)  Rivers, W. M. (1981). Teaching Foreign Language Skills. (2nd ed.), Chicago, IL: University of Chicago Press.

22)  McMurray, B., Kovack-Lesh, K. A., Goodwin, D., & McEchron, W. (2013). Infant directed speech and the development of speech perception: Enhancing development or an unintended consequence?. Cognition, 129(2), 362-378.

23)  Turnbull, K. P., & Justice, L. M. (2010). Language Development from Theory to Practice. Upper Saddle River, NJ: Prentice-Hall.

24)  Fernald, A. (1985). Four-Month-Old Infants Prefer to Listen to Motherese. Infant Behavior and Development, 8, 181-195.

25)  강현화 외(2021). 한국어 이해 교육론. 서울: 한국문화사.

26)  양명희 & 김정남(2011). 한국어 듣기 교육론. 성남: 신구문화사.

27)  Atkinson, R. C., & Shiffrin, R. M. (1968). Human Memory: A Proposed System and its Control Processes. Psychology of Learning and Motivation. 2, 89-195.

28)  시냅스(synapse)는 신경세포 간의 연결을 담당하는 접합부로, 인간의 뇌 활동은 신경세포끼리 연결된 시냅스에서 세포 간의 신경전달물질을 주고받으면서 이루어진다.

29)  서유헌(2010, 3, 8). 기억이란? 머리에 새겨진 자극의 흔적. 네이버캐스트 인체기행. Retrieved from https://terms.naver.com/entry.naver?docId=3568869&cid=58946&categoryId=58977.

30)  Canale, M., & Swain, M. (1980). Theoretical Bases of Communicative Approaches to Second Language Teaching and Testing. Applied Linguistics, 1(1), 1-47.

31)  강인영 외(2017). 글로벌 엘리트는 어떻게 키우는가. 서울: 한언.

32)  김한훈 외(2010). 팀장의 자격. 서울: 코리아닷컴.

33)  김한훈(2011, 10, 7). 리더여, 오프라처럼 경청하고 래리 킹 같이 간결하게 질문하라. 한국경제신문. B11면.

34)  노우리(2021). 하브루타 스피치. 부천: 피톤치드.

35)  정미진(2016). 한국어 화용 교육. 서울: 한국문화사.

36)  전혜영(2005). 한국어 공손표현의 교육 방안. 이중언어학, 29, 347-368.

37)  미하이 칙센트미하이(2007). 몰입의 즐거움. 서울: 해냄.

38)  Wikipedia. Retrieved from https://en.wikipedia.org/wiki/Matthew_effect.

39)  이상금(1990). 그림책을 보고 크는 아이들. 서울: 사계절

초등 공부, 언어지능이 답이다

40) Schichendanz, J. (1986). More than the ABCs'. The early stage of reading and writing. National Association for Education of Young Children. Washington, DC.

41) McCormick, S. (1977). Should you read aloud to your children? Language Arts, 54(2), 139-163.

42) 조경숙 & 최성미(2003). 소리내어 읽어주기 활동이 초등학교 3학년 학생들의 읽기 흥미도 및 읽기·쓰기 능력에 미치는 영향. 영어교육연구, 15(2), 179-198.

43) 송은경 & 이성은(2006). 소리내어 읽어주기 활동이 아동의 언어 이해력에 미치는 영향. 교과교육연구, 10(1), 21-36.

44) 강현화 외(2021). 한국어 이해 교육론. 서울: 한국문화사.

45) Ibid.

46) Ibid.

47) 강인영 외(2017). 글로벌 엘리트는 어떻게 키우는가. 서울: 한언

48) 최은지(2019). 한국어 쓰기 교육론. 서울: 하우.

49) 김선정 외(2010). 한국어 표현교육론. 파주: 형설출판사.

50) Ibid.

51) 최은지(2019). 한국어 쓰기 교육론. 서울: 하우.

52) Bereiter, C. (1980). Development in writing. Cognitive processes in writing, 73-93.

53) 잭 하트(2021). 퓰리처 글쓰기 수업. 파주: 현대지성.

54) 최은지(2019). 한국어 쓰기 교육론. 서울: 하우.

55) 김선정 외(2010). 한국어 표현교육론. 파주: 형설출판사.

56) Ibid.

57) Ibid.

58) Ibid.

**성장의 열쇠**
**문해력을 높여라**

# 초등 공부,
# 언어지능이
# 답이다

1판 1쇄 | 2023년 5월 15일

지은이 | 황윤정 김한훈 박선영
펴낸이 | 박상란
펴낸곳 | 피톤치드

디자인 | 김다은 교정 | 양지애
경영·마케팅 | 박병기
출판등록 | 제 387-2013-000029호
등록번호 | 130-92-85998
주소 | 경기도 부천시 길주로 262 이안더클래식 133호
전화 | 070-7362-3488
팩스 | 0303-3449-0319
이메일 | phytonbook@naver.com

ISBN | 979-11-92549-14-9(03370)